나는 아이를 잘 키우는 걸까?

나는 아이를 잘 키우는 걸까?

좋은 양육이 최고의 유산

©유중근

초판 1쇄 인쇄 | 2022년 5월 3일
초판 1쇄 발행 | 2022년 5월 13일

지은이 | 유중근
펴낸이 | 이진호
편집 | 권지연, 이대웅
디자인 | 트리니티

펴낸곳 | 비비투(VIVI2)
주소 | 서울시 중구 수표로2길9 예림빌딩 402호
전화 | 대표 (02)517-2045
팩스 | (02)517-5125(주문)

이메일 | atfeel@hanmail.net
홈페이지 | https//blog.naver.com/feelwithcom
페이스북 | https//www.facebook.com/publisherjoy

출판등록 | 2006년 7월 8일

ISBN 979-11-89303-71-6(13370)

좋은 양육이 최고의 유산

나는 아이를 잘 키우는 걸까?

Good Parenting is the
best Legacy!

유중근 지음

VIVI2

우리 아이의
가장 훌륭한 주치의는 부모

　나는 아이를 잘 키우고 있는 걸까? 한 아이의 부모로서 하는 질문이었다. 이 책은 좋은 양육이 자녀에게 줄 수 있는 최고의 유산이며, 그 시작을 '관계'에서 출발한다. 의사와 환자와의 관계를 Rapport라고 부른다. 의사는 환자와의 좋은 관계를 맺기 위해 주어진 진료 시간 1-2분 동안 부단히 노력한다. 환자의 말 한마디 한마디 경청하고, 좋은 눈 마주침, 적절한 미소, 환자의 아픔에 대한 공감 등이 중요하다. 부모와 자녀 사이도 마찬가지이다. 모든 부모가 아이를 키워보고 시작하는 것은 아니고, 다시 키우고 싶다고 하더라도 더 잘 키울 수 있다는 보장도 없다. 의료인문학에서 다루는 내용 중 퇴계의 지행호진(知行互進), 중용의 성즉명의 명즉성의(誠則明矣 明則誠矣), 대학의 9장(九章) 내용이 이 책과 맥락을 같이 한다. 지식이 없어도, 육아를 잘 알지 못

해도 아이를 기르는 행동 하나하나에 정성을 다하면 비로소 깨달음, 지혜를 얻는다는 의미이다. 의학적으로는 '행동인지치료'라고 할 수 있다. 자녀에게 가장 훌륭한 주치의는 바로 부모이다. 최고의 유산을 물려주기 위해, 좋은 애착 관계 형성을 위해 이 세상 모든 부모가 이 책을 읽고 한 걸음 내딛기를 희망한다. **김지한 | 의사, 가정의학과 전문의**

저자 유중근 박사는 내가 아는 한 21세기 최첨단 연구주제 애착의 최고 권위자이자 애착심리학자이다. 이 책을 추천하게 되어 영광이다. 이 세상에서 가장 중요한 것은 '어디서'의 문제가 아니라 '누구와'의 문제라는 말이 있다. 어디에 살고 어디서 식사를 하는가보다 누구와 살며 어떤 사람과 식사를 하는가가 우리 행복에 더 중요하다. 친밀한 관계(안정적 애착)가 물질적 풍요보다 행복하게 한다. 팬데믹이 사회적 거리두기를 강제하면서 가족 간 애착의 중요성이 부각되었다. 이 책은 어떻게 부모가 자녀와 건강한 애착 관계를 개발할 수 있는지를 안내하는 지침서다. 이 책에서 제시한 애착 원리는 부부 관계, 친구 관계, 심지어 국가 관계에 그대로 적용된다. 과거 어느 때보다 자살율과 이혼율이 높아지고 국민행복도가 떨어지는 지금 이 책이 대한민국 행복도를 높이는데 한 몫을 하게 되기를 기대하며 기쁨으로 추천한다. **정동섭 | 가족관계연구소장, 전 침신대, 한동대 교수, Ph.D.**

'나는 아이를 잘 키우고 있는 걸까?'라는 책 제목과 '양육이란 자녀가 독립하기까지 성장 과정에서 경험하는 부모의 세계다.'라는 본문

내용을 연결하면, 아이를 잘 키운다는 것은 아이에게 부모가 경험한 세계를 잘 전하는 것이다. 잘 키운다는 것은 부모 세계가 어떠한지에 달려 있고, 자녀가 본연의 마음을 알아가고, 스스로 판단하고 선택하도록 돕는 것이다. 나에게 이 책은 부모 솔루션이자 클리닉의 시간이었다. 내가 아이때문에 힘들었다면 아이도 힘들었다는 것을, 아이 관점에서 힘듦을 제대로 보지 못했다는 것을 깨닫게 했다. 그러한 나를 주저앉지 않고 일어나 나아가도록 안내하면서, 부모됨의 좋은 유산을 물려줄 수 있다는 소망을 준 귀한 책이다. 부모 누구나 미지의 세계인 자녀 양육을 사랑으로 헤쳐 나가도록 도울 것이다. **양명희 | 우물가배움터 대표, 전 전주대, 광신대 교수**

좋은 부모가 되고 싶은 것은 자녀 둔 부모의 한결같은 바램이다. 저자는 좋은 부모가 되기 위해 고려해야 할 것이 무엇인지 다양한 관점의 연구를 토대로 잘 안내하고 있다. 그동안 세계가 주목할 만한 인적 자원을 배출한 우리나라는 자녀교육에 많은 열정을 쏟아부었다. 그러나 자녀의 행복지수는 떨어지고 청소년 자살률은 최고조가 되고 말았다. 사회에 부적응하는 청년들도 많다. 이러한 때 우리의 시선을 자녀양육으로 돌린다. 관계의 중요성을 피력하며, 자녀의 안정적인 정서를 위해 주 양육자인 엄마 아빠의 역할이 무엇보다 중요함을 호소한다. 뿐만 아니라 내면이 회복된 부모가 좋은 양육의 유산을 물려주어야 미래세대를 준비하는 것임을 일깨우며 도전하게 한다. **박찬영 | 미국 센트럴 세미너리 상담학 객원교수, VIPCare 상담사, Ph.D.**

이 책은 두 아이 양육자이자 유아교사가 될 학생들을 가르치는 교육자로서 반성과 성찰의 기회를 주었다. 교육과 양육에서 중요한 것은 '관계'이자 '사랑'이며, 부모-자녀 간 이해와 믿음, 사랑에 기초한 관계가 형성될 때 자녀는 물론 부모도 건강한 회복과 성장이 있음을 깨닫게 되었다. "나는 아이를 잘 키우고 있는 걸까"를 성찰하게 하며, 진정한 의미가 무엇인지, 좋은 양육을 유산으로 전해주기 위해 부모로서 어떤 노력과 변화가 필요한지를 학술적 근거와 사례 등을 통해 안내한다. 급격한 변화 속에서 살아갈 자녀들이 자신과 타인, 그리고 미래시대를 창의적으로 통찰하기 위해서는 무엇보다 안정감과 행복을 경험하는 것이 중요하다. 자녀와의 소통이 어려운 부모, 어떻게 자녀 양육을 할지 우선순위를 고민하는 부모라면 이 책에서 해답을 얻을 것이다. **박은주 | 교수, 침례신학대학교 유아교육과**

좋은 양육은
관계에서 출발합니다

저출산 시대지만 부모 마음은 예나 지금이나 별반 차이가 없다. 자녀에 대한 기대와 사랑은 여전히 크고, 자녀를 잘 키우고 싶은 마음도 동일하다. '애착 전문가'이다 보니 부모 고민을 들을 기회가 많다. 하나같이 고민 하나를 동일하게 안고 있다. 나는 아이를 잘 키우고 있는 것일까?

이 질문을 했다면, 아이를 잘 키운다는 것이 나에게 어떤 의미인지 살펴보는 것이 우선이다. 공부 잘하는 아이를 바라는지, 건강하게 자라도록 돌보고 싶은지, 정서적으로 밝은 아이로 성장하길 바라는지 등 양육에 대한 우선순위를 아는 것이 필요하다.

부모라면 이 모든 것을 거머쥐고 싶고 게중에 하나라도 잘하고 싶을 것이다. 그렇다고 열거한 내용들이 불가능한 것도 아니다. 서점가에 쏟아지는 양육에 관한 책은 아이 건강을 책임지는 식단부터 정서 지능을 높이는 법, 공부 잘하도록 키우는 법, 그림책 같은 교재에 이르기까지 다양하고 또 충실하다.

얼핏 아이를 잘 키우기 위해서는 책에 나오는 모든 것을 다양하게 실천해야만 할 것 같다. 하지만 잘 성장한 자녀의 엄마라고 해도 책의 내용을 일일이 실천하고 행동해서 아이가 잘 성장한 것은 아니다. 오히려 부모가 아이를 제대로 이해하고 아이가 부모 사랑을 제대로 경험한 것이 좋은 결과를 가져다주었다는 것을 알 수 있다.

좋은 양육은 자녀에게 잊을 수 없는 유산이다. 성장기에 좋은 양육을 받은 자녀가 부모가 되었을 때 좋은 양육을 실천하기에 그렇다. 다행히 좋은 양육은 완벽한 부모를 요구하지 않는다. 부모가 가지고 있는 자연스런 사랑이면 충분하다.

우리가 양육에 실패하는 이유는 사랑이 없어서가 아니다. 사랑을 표현하는 데 때로는 거칠고 때로는 큰 상처를 입히기에 그런 것이다. 부모인 우리가 성장할 때도 마찬가지였다. 부모가 사랑한다는 사실은 알지만 어떤 말이나 어떤 행동에서 상처를 받곤 하지 않았던가.

비록 부모가 상처를 주는 실수를 하고 때로는 심하게 꾸중을 해도 마음에 남지 않는 것은 부모의 사랑과 돌봄이 양육의 중심이었기 때문이다. 그러나 만약 부모의 학대로 인해 큰 상처를 받았거나 사랑을 받긴 해도 학대가 반복되었다면 상황은 다르다. 부모와의 관계가 트라우마로 남아 자녀의 정서와 행동에 치명적인 영향을 미친다. 또한 자녀에게 파괴적인 양육 방식은 같은 방식의 양육으로 대물림되기 쉽다.

심리학에서 아이와 엄마의 신뢰적 상호 관계를 다루고 있는, 꽤 설득력 있는 이론이 하나 있다. 바로 '애착 이론'이다. 애착 이론은 아이와 엄마의 신뢰적 상호 관계가 안정된 아동 발달을 이루게 한다고 설명한다. 무엇보다 부모와의 친밀감 있는 관계는 자존감을 높여 주고 건강한 마음을 갖출 수 있을 뿐 아니라 탐구력과 활동력을 길러 준다.

그러므로 애착 이론은 어떤 양육 특징이 자녀에게 이상적인지 소개한다. 이 책은 애착 이론을 중심으로, 좋은 양육을 위해 부모가 배울 수 있는 지혜를 다양한 연구 결과와 함께 다루고 있다. 아무쪼록 자녀와의 좋은 관계를 통해 부모의 사랑스런 돌봄과 양육이 자랑스러운 유산으로 전해지고 기억하길 바란다.

독자의 행복한 가정을 기원하며
저자 유중근

PART 2

자녀에게 최고 유산, 부모 사랑

PART 1
사랑의 관계, 지금 시작!

"참 신기하지 않아? 어떻게 이렇게 예쁜 아이들이 태어났을까? 당신이랑 처음 만났을 땐 없던 애들이잖아!" 우리 부부가 종종 나누는 대화다. 그렇다. 아내와 만나기 전에 없던 아이들이다. 뱃속에서 꿈지락거리며 자신이 존재한다고 엄마에게 온몸으로 알리던 아이가 태어나서, 온몸으로 사랑을 주고받으며 자신의 존재를 확인하면서 자란다. 자녀 양육은 그렇게 시작된다. 자녀가 이 세상에 찾아와 부모와 관계를 맺고, 사랑으로 시작해서 세대를 거쳐 다시 사랑으로 관계를 맺는다.

1

양육의 시작은 관계입니다

"도대체 어떻게 생겼을까? 정말 궁금해. 빨리 만났으면 좋겠다." 출산일이 다가올 때 새롭게 만날 아이를 두고 흔히 이렇게 말한다. 부모도 첫 만남이지만 아이도 첫 만남이다. 하지만 부모와 달리 아이는 세상에 태어나 가장 처음 관계를 맺는 대상이 부모이고, 생존하기 위해 유일하게 의존할 수 있는 대상도 부모이다.

가족의 본래 마음 챙기기

가정의 달 5월은 어린이날이 있고 어버이날도 있다. 법적으로 부부의 날(5월 21일)도 제정되어, 건강한 가정에 대해 깊이 생각하게 하는 시기이다.

건강한 가정은 부부의 친밀도에 따라 결정된다고 해도 과언이 아니다. 부부가 친밀한지 갈등이 심한지는 가정 분위기의 지표가 되기도 한다. 부부와 관련한 많은 연구에서 부부 싸움이 부부의 정신 건강은 물론, 자녀의 정신 건강에 깊은 영향을 미친다는 것이 증명되었다.

우울증 환자들과 심리적으로 건강한 사람들을 비교 조사한 결과, 우울증에 시달리는 사람들이 그렇지 않은 사람들보다 아동 청소년 시기에 정서적 학대, 성적 학대, 신체적 학대, 방임, 부모 갈등 경험 등을 더 많이 겪었다. 그중에서 유독 '부모 간 폭력 노출'이 생애 초기 다른 스트레스 요인 유무와 상관없이 자녀 우울증과 연관이 있다는 결과를 보였다. 부부 싸움은 부부만의 문제로만 여기기 쉽지만, 자녀의 정신 건강에 다른 요소보다 직접적인 영향을 미친다는 의미이다.[1]

그렇다면 건강한 가정은 어떤 특징이 있을까? 단순히 부부 싸움을 자제한다고 건강한 가정이 되는 걸까? 부부 싸움을 자제하는 것이 자녀를 위한 행동이기도 하지만, 그것은 소극적인 접근이다. 보다 근본적인 가족-구조적 변화 없이, 단지 부부 싸움을 하지 않는 것만으로는 건강한 가정의 지표가 될 수 없다.

이미 알려진 건강한 가정에 대한 다양한 조건 중에서 몇 가지 예를 들면 다음과 같다.

- 가족 구성원 간의 건강한 의사소통
- 스스로 자신의 약점에 대한 인식과 수용

- 분명한 가정의 기능과 부모 역할
- 신뢰와 존중
- 함께 보내는 시간
- 좋은 갈등 회복 모델과 의사소통 기술을 통한 갈등 회복
- 일관적인 태도와 예측 가능한 성숙한 행동
- 상호 보완적인 배려

이밖에 건강한 가정을 이루기 위한 조건을 생각해 보면 얼마든지 열거할 수 있다. 하지만 이러한 조건을 일일이 만족시키며 건강한 가정을 이루는 것은 쉽지 않아 보인다. 특히 나에게 부족한 조건이 많을수록 부담감도 크다.

필자의 경우도 부부 갈등이 잦았던 터라 행복한 가정을 만들기 위해 고쳐야 할 조건을 따져보고 바꾸려 했지만 쉽지 않았다. 한두 가지가 아니었을 뿐만 아니라, 노력에 비해 변화가 크지 않자 마음에 부담감이 생기고 낙심이 들었다. 부족한 조건을 모두 바꾼다는 건 불가능에 가깝다고 생각했다.

그렇기에 조건에 초점을 맞추고 건강한 가정을 이루려는 계획은 비생산적이다. 이러한 조건들 바탕에 있는 원리를 생각하면서, 각 가정의 상황과 환경에 맞는 조건을 지켜 가면 될 일이다. 다음 두 가지 기본 원리를 염두에 두자.

첫째, 완벽한 가정은 없다.

건강한 가정에 대한 절대적 기준이 없다는 의미이기도 하다. 부유

한 가정이든 가난한 가정이든, 양부모 가정이든 편부모 가정이든, 대가족이든 핵가족이든, 똑같은 상황과 조건에 있다 하더라도 각 가정에 따라 느끼는 행복이 다르고 만족감이 다르다.

내가 생각하는 행복의 조건을 다른 가정이 가지고 있을 때 부럽기도 하고 완벽한 가정이라고 생각할 수 있겠지만 행복은 상대적이다. 또한 가족 구성원에 따라 각자의 행복 기준도 다르다. 같은 환경에서 살아갈지라도 개인에 따라 행복과 불만이 다르게 표현되는 이유이다.

그러므로 건강한 가정을 이루는 최고의 조건은 상황과 조건을 바라보는 건강한 시각 만들기에 있다. 건강하게 세상을 바라보는 시각이 선행되어야 건강한 의사소통도 가능해지고, 약점에 대해서도 스스로 인정할 수 있고, 그것을 수용하는 마음이 생기지 않겠는가?

둘째, 가족의 본래 마음으로 조화 이루기.

역기능 가족의 대표적인 특징 중 하나는 한 사람의 절대적인 영향으로 인해 모든 구성원의 개성과 존엄성을 억압하는 분위기가 지배적으로 조성된다는 것이며, 특히 희생양이 생기는 구조라는 것이다. 이러한 가정에서는 개인의 본래 마음이 발전하고 성숙하기 어렵다.

더군다나 부모에 대항할 수 없는 어린 자녀에게는 부모의 강압적인 마음 상태가 여과 없이 전달된다. 아이가 성장하여 어른이 되어서도 부모의 영향을 벗어나지 못하는 경우가 허다하다.

부부 간에도 마찬가지다. 너무 강한 성격의 배우자가 억압하는 가정에서는 상대 배우자 본연의 마음이 성장하지 못한다. 눈치를 보고 맞춰 주기에 바빠서 배우자의 성숙을 방해한다.

그러므로 건강한 가정을 이루기 위해서는 가족 구성원 본연의 마음이 성장하고 성숙할 수 있도록, 가족 구성원의 입장을 들으려 하고 배려하면서 서로 조화를 맞추려는 의지와 행동이 필요하다.

그래야 구성원 각자의 마음에 있는 '하고 싶은 말'을 꺼낼 수 있고 감정을 건강하게 표현할 수 있다. 그것은 곧 가정에서 자신의 존재가 인정받고 있다는 소속감과 만족감이 있다는 것을 의미한다. 마치 사람들이 건강한 민주주의 사회에서 자신의 의사와 기량을 발휘하고 타인의 의사를 존중하며 사회에서 소속감과 만족감을 느끼며 살아가는 것과 같다.

엄마의 성찰 능력 &
안정형 아이

갓 태어난 아기를 처음으로 품에 안았던 때를 생각해 보라! 아기의 존재에 대해 사랑스러움을 넘어 경이로웠던 기억을 떠올릴 수 있다. 엄마의 경우 임신기 열 달 동안 뱃속에 태아를 품으면서 관계가 형성되고 태동을 통해 아기를 직접 몸으로 느낄 수 있지만, 아빠는 초음파 화면으로 인사를 나누다 출산 후에야 아기를 처음 품에 안아 보았을 것이다.

하지만 출산 후 아기와의 첫 만남은 엄마든 아빠든 황홀하고 감격적이다. 아기가 아직 눈을 뜨지 못하고 있거나 소리 높여 울어도 사랑스럽고, 세상에 태어난 것이 고마울 뿐이다. 이렇게 첫 만남은 아이의 존재 자체만으로 부모에게 행복과 감동을 준다.

하지만 시간이 지나 관계가 지속될수록 부모는 양육의 어려움을 느낀다. 아기가 성장하여 자기 뜻대로 하려는 자율성이 높아지면서, 부모가 가진 생각과 아이의 자율성이 불일치하는 경험이 잦아지기 때문이다.

일반적으로 아이와 대부분의 시간을 보내는 엄마가 더 직접적인 어려움을 경험하기에, 양육에 대한 부담감은 아빠보다 엄마가 더 크게 느낀다. 그러나 양육이 어렵다고 누구나 자녀 관계에 있어 실패하는 것은 아니다. 양육은 어렵지만 어떤 부모는 분명히 성공적인 양육으로 자녀와 안정적인 관계를 가진다.

도대체 비결이 뭘까? 1991년 일련의 영국 학자들은 엄마의 어떤 요인이 자녀와의 관계를 안정적으로 만드는지 조사했다. 이를 통해 그들은 엄마가 자신의 감정과 행동에 대해 객관적으로 생각할 수 있는 '성찰 능력'이 강할수록, 그렇지 않은 엄마보다 자녀 관계가 훨씬 안정적이라는 것을 발견했다. [2] 당시 다른 연구에서는 엄마와 자녀 관계에서 만들어지는 특정 관계 패턴(애착 유형)이 다음 세대로 대를 이어 전수될 수 있다는 사실을 발견하기도 했다. [3]

심리학에서 이렇게 엄마와 자녀 관계를 다루는 분야가 바로 '애착'이다. 초기 애착이론가 에인스워스(Mary Dinsmore Salter Ainsworth)는 엄마와 아기와의 관계를 관찰하면서 한 개의 안정형과 두 개의 불안정형으로 유형적 분류가 가능하다는 것을 발견하였다. [4]

안정형은 엄마와 아기가 친밀한 관계를 이루었지만, 불안정형은 그와 달리 건강한 관계가 아니었다. 현재 불안정형이 더 추가되어 세 개의 불안정형으로 구성되어 있다. 당연히 애착에 관심을 가졌던 다른 학자들은 자녀와의 관계에서 안정형과 불안정형으로 나뉘게 하는 근본적인 원인이 무엇인가에 집중했다.

마침내 런던에서 진행된 연구에서 안정형의 비밀은 바로 엄마의 성찰 능력에 달려 있다는 사실을 제시했다. 성찰 능력은 소위 '메타인지'라고 불리는 정신적 기능에 근거한다. 메타인지는 '생각에 대한 생각'으로 요약할 수 있다. 자신의 생각을 객관적으로 바라보고, 내 생각이 옳은지 아닌지 타인의 입장에서 조망하는 고등 정신 기능을 말한다.

그러므로 성찰 능력이 강한 엄마는 자신의 생각과 행동을 투명하게 바라볼 수 있으며, 생각과 감정을 조절하여 최선의 양육을 할 수 있다. 안정형 자녀들은 이렇듯 자신을 성찰하는 엄마가 있었던 것이다. 엄마의 성찰 능력은 자신뿐만 아니라 자녀의 감정이나 행동을 바라볼 때도 똑같이 작용한다. 엄마가 주관적으로 자녀를 판단하기보다 자녀의 입장에서 행동을 해석할 수 있다.

그렇기에 성찰 능력이 강한 엄마 밑에서 자란 아이들은 자신의 속마음을 알아주는 양육으로 인해, 아이가 가진 '자신만의 마음'을 형성할 수 있다. 또한 엄마의 주관성과 아이의 주관성이 충돌할 가능성이 훨씬 낮다. 자녀의 감정과 행동을 성찰하여 자녀의 입장에서 이해하고 공감하기 때문이다.

그러므로 자녀와 안정형 관계가 이뤄질 수 있는 핵심은 부모의 성찰하는 태도에 달려 있다. 부모의 성찰이 자녀와의 관계에서 자연스럽게 전달되어, 자녀가 다른 사람의 마음에 담긴 생각, 감정, 그리고 행동을 올바로 예측하고 이해하는 능력을 보고 배우게 하는 데 있다.

그렇다면 부모는 자녀를 양육하면서 어떻게 성찰 기능을 높일 수 있을까? 먼저 부모 자신의 성찰을 위해 '일상에 대한 일기 쓰기'를 추천한다. 노트를 활용해도 좋고, 휴대폰을 활용해도 좋다. 하루에 있었던 일이나 여러 가지 생각을 기록해 두면 된다. 꾸준히 내용을 모아 어느 정도 축적되었을 때 읽는다면, 그때와는 다른 시각으로 자신을 볼 수 있는 기회가 생긴다.

이때 자주 사용한 단어는 어떤 것인지, 주로 느꼈던 감정은 무엇인지, 지금과 생각이 다른 부분은 어떤 것인지 확인할 수 있다. 그리고 그때의 생각이나 감정 표출이 타당했는지 살펴보고, 대안적인 생각이나 감정을 떠올려 본다. 이러한 과정을 통해 자신에 대한 성찰을 강화할 수 있다.

자녀에 대한 성찰 능력을 높이는 방법은 '관찰'에서 시작된다. 부록에 첨부한 '자녀 관찰일지'를 활용하기를 추천한다. 먼저 자녀의 놀이나 행동을 관찰하여 상황과 함께 기록한다. 다음 그 상황에서 자녀가 가졌을 생각과 감정을 유추하여 여러 가능성을 적는다.

이때 자녀의 입장에서 유추해야지 부모의 생각으로 자녀를 해석하지 않도록 주의해야 한다. 이러한 기록 과정을 통해 자신에게 어떤 교훈을 주는지, 느낀 점은 무엇인지 생각하는 실천이 성찰 능력을 높이는 데 주요한 역할을 한다.

필자는 자녀 문제로 심리상담을 요청한 부모에게 한 주간 동안 관찰일지를 기록하는 과제를 제공한다. 처음에는 관찰이 익숙하지 않아 자녀의 입장보다 부모가 가진 주관적인 판단으로 기록하기 일쑤다. 하지만 상담을 통해 부모 자신이 공감받게 되면, 자연스럽게 자녀의 입장을 공감하고 관찰의 시각도 달라지게 된다.

익숙하지 않은 일을 처음부터 잘하는 사람은 없다. 바쁜 일상에서 살필 일이 많은 데 시간을 쪼개어 자녀를 관찰한다는 것이 어떤 부모에게는 벅찬 일일 수도 있지만, 어쩌면 바쁘다는 핑계로 그만큼 시선을 다른 곳을 향했기에 양육이 어려운지도 모른다.

아이 뇌 지도는
관계에 따라 바뀐다

부모라면 누구나 양육의 시작점인 임신기부터 자녀를 잘 키우고 싶지만, 안타깝게도 병원과 산후조리원을 나오는 순간부터 육아라는 현실에 부딪힌다. 모든 것을 울음으로 표현하는 아기에게 초보 부모는 어떻게 반응할지 모를 때가 많아, 최선을 다하고 있음에도 불구하고 못해 주는 것만 같다.

엄마는 출산 후 아기와 관계를 시작하면서 내 아이의 기질이 어떤지, 아이가 젖을 많이 먹는지, 잠투정이 심한 건 아닌지를 경험하면서 자녀를 알아간다. 아기와의 애착 경험이 시작되는 것이다. 아기의 입장도 마찬가지다. 엄마가 나의 필요를 제때에 잘 챙겨줄지, 나의 기질을 잘 알아차릴지, 내가 표현할 때 잘 알아들을지를 경험으로 알아간다.

부모와 아이, 두 입장 모두 '경험'을 필요로 한다는 공통점이 있다. 하지만 중요한 차이가 있다. 엄마는 여러 관계 중 하나의 경험이고, 아기는 세상에서 겪는 '첫' 관계 경험이다. 이 차이는 하늘과 땅만큼 크다는 것을 알아야 한다.

성인은 살아온 만큼 경험의 역사를 가지고 있다. 경험이란 관계를 통해 얻은 수확물 같아서, 성인은 다양한 과거 경험으로 현재 경험하는 대상이나 환경을 비교, 분석, 예측하여 현재 관계에 대응한다. 물론 과거의 기억이 좋을 수도 있고 나쁠 수도 있다.

과거 경험의 기억으로 현재 관계에서 쉽고 빠르게 대응할 수 있다는 것은 분명 이로운 면이지만, 만약 과거 경험이 트라우마라면 현재 경험은 고통의 연장선일 수 있다. 과거의 경험에서 현재를 제대로 대응할 수 없을 때, 때로는 '멘붕'을 경험한다.

아마 첫 육아의 경험은 과거 기억에서 답을 찾을 수 없는 대표적인 경우일 것이다. 하지만 과거에 육아 경험이 있다고 하더라도 자녀마다 특징이 달라 답을 찾지 못하는 경우가 많다.

아기의 경우 엄마와는 입장이 전혀 다르다. 과거의 기억이라고 해야 뱃속 기억이 전부이고, 유전자에 의해 본능이 가르쳐 주는 반사 행동이 할 수 있는 전부이다. 오히려 아기는 엄마와의 관계가 첫 관계이기에, 앞으로의 관계에서 사용할 기억을 잠재적으로 만들어 가는 중이라고 할 수 있다.

물론 아기가 성장하더라도 엄마와의 초기 관계에 대한 추억을 성인처럼 기억하지는 못한다. 대신에 그때 경험은 상황에 맞게 무의식적으로 몸이 반응하도록 잠재적 기억으로 고스란히 남아 행동에 영향을 미친다.

결국 인간관계에서 일어나는 개인의 행동과 태도는 엄마(또는 자기를 돌보았던 주 양육자)와의 첫 관계에서 시작하여 영향을 받는다고 할 수 있다. 초기 애착 관계는 앞으로 겪게 되는 관계의 모델이 되는 셈이다. 아기는 엄마와의 관계를 경험하면서 앞으로 자신이 살아갈 때 필요한 자신만의 뇌를 만들어 간다.

경험이 중요한 이유는 뇌가 경험을 자양분으로 활용하여 발달할 뿐만 아니라 경험을 통해 뇌의 지도가 만들어지기 때문이다. 또한 새로운 경험은 뇌의 지도를 수정하여 현실에 적절하게 적응할 수 있도록 돕기도 하는데, 이는 현대 뇌 과학에서 밝혀 놓은 중요한 사실이다. 특히 인간의 뇌는 생후 2년이면 성인의 뇌의 약 85%까지 발달하는 독특한 발달 곡선을 가진다. [5] 단 2년 동안 엄마와의 관계에서 얻은 모든 것을 기반으로 평생을 살아간다고 해도 과언이 아니다.

선조들이 말했던 '세 살 버릇 여든까지 간다'는 말은 과학적으로 일리가 있는 것이다. 그러므로 아기의 입장에서 주 양육자인 엄마와의 초기 관계의 질은 매우 중요하다. 어떤 관계를 맺느냐에 따라 세상과 타인을 바라보는 시각과 자기 자신을 바라보는 시각이 달라진다.

그리고 관계의 질에 따라 아이들에게서 보이는 행동이 각각 달라진다. 지금 자녀가 영아기에 있든 아동기에 있든 심지어 청소년기나 청년기에 있든, 그들만의 '자기 방식'의 시발점은 엄마(주 양육자)와의 첫 관계에서 시작한다. 그리고 뇌는 관계의 질적 경험을 통해 끊임없이 구조를 수정하고 변화시킨다.

하지만 비록 자녀와의 초기 관계가 평생을 살아가는 뇌의 지도를 만든다고 해도 낙심할 필요는 없다. 일반적으로 엄마는 최고의 양육을 자녀에게 주고 싶은 마음이 강하기 때문에 자녀와의 초기 관계에서 실패했다고 쉽게 느낀다.

필자도 자녀와의 초기 관계가 훌쩍 지난 후에야 애착을 알았기에 아쉬움과 미안한 마음이 컸다. 하지만 뇌 지도는 관계에 따라 변한다. 현재 자녀와의 관계가 여전히 중요한 것은 바로 관계 변화에 대한 기회를 계속 제공하기 때문이다. 관계가 변하면 아이의 마음도 행동도 애착의 유형도 그에 따라 바뀌게 된다.

말이 잘 통할 수 있다면

자녀와의 관계에서 언어를 어떻게 사용하는가는 관계의 질을 결정하는데 제법 큰 비중을 차지한다. 어떤 부모는 자녀와 깊은 공감을 나누며 관계를 발전시켜 나가지만, 어떤 부모는 대화할 때마다 서로 상처를 남기며 관계가 혼란에 빠지기도 한다. 도대체 무슨 이유일까?

우선 부모-자녀 간의 대화 패턴은 갑자기 만들어지는 것이 아니다. 자녀가 말을 배우기 전 옹알이를 사용하는 초기 발성 사용에서부터 의사소통 패턴이 만들어지기 시작한다. 아무리 아기가 옹알이로 뭔가를 표현해도 관심이 없는 부모가 있는가 하면, 알아듣지는 못해도 끊임없이 그 옹알이에 반응해 주는 부모가 있다. 부모 각자의 태도나 아이를 대하는 방식이 관계에서 어떻게 표현되는가에 따라, 이후의 관계에서 자녀는 부모를 모델로 삼아 자신의 대화 패턴을 만들어 반응하게 된다.

자녀와의 대화에서 알아야 할 분명한 것은, 자녀의 언어 세계와 부모의 언어 세계는 시작부터 자녀가 성장할 때까지 단 한 번도 같은 적이 없다는 사실이다. 자녀는 태어나면서부터 말을 하기 전까지, '옹알이'라는 언어 매체를 사용해 부모와 관계를 맺는다. 이때 부모는 처음으로 자녀와의 언어 장벽에 부딪친다.

유치원에 다닐 만큼 언어력이 증가해도 성인 언어와 어린이 언어는 범위도 다르고 사용 방식도 다르기에, 부모는 자녀의 언어 세계로 내려오지 않으면 안 된다. 그들만의 언어 세계가 있는 것이다.

아동기를 거쳐 청소년기에 이르면 '그들만의' 언어 세계는 절정에 이른다. 그 언어 세계가 얼마나 다르면, 청소년기 자녀들이 부모와의 대화가 재미없기도 하고 대화 자체를 꺼리기까지 할까?

얼마 전 아들이 갖고 싶어 하던 농구화를 사 주었다. 집으로 배송된 농구화의 신발상자를 열자마자 아들이 말했다. "우와! 진짜 영롱하다!" 보통 필자 나이에서는 '영롱하다'라는 단어는 별로 쓰지 않는다. 뜻의 의미를 모르는 바가 아니지만, 대개 '멋있다' 같은 다른 단어를 사용한다. 그렇기에 아들이 그 단어를 사용하면 매우 현실에 적당한 용어가 되지만, 부모인 아빠가 쓴다면 듣는 사람이 어색해할 수 있다. 분명히 같은 언어를 사용하고 있지만, 청소년의 언어 세계는 다르다.

더구나 기술 발달로 빠르게 변화하는 사회 속에서, 그에 적응하기 위한 언어의 변화가 있다는 것도 간과할 수 없다. 이러한 사회 변화는 자녀 세대에서 언어를 사용하는 방식과 부모 세대에서 언어를 사용하는 방식의 차이를 만들어 내면서, 새로운 언어들이 생성되고 더 빠르게 의사를 전달하는 방식이 채택되도록 압박한다. 대표적인 것이 단축어 표현이다.

결국 세대 차이는 언어의 변화를 이끌어 내고 자녀의 언어와 부모의 언어 사이에 장벽을 만든다. 그렇다면 이러한 차이에도 부모-자녀 간의 대화가 많고 친밀한 관계를 유지하는 현상은 어떻게 가능할까? 자연스럽게 친밀한 대화가 이루어지는 부모에게는 쉬운 일이지만, 자녀와의 대화가 어려운 부모에게는 답답한 일이 아닐 수 없다.

우선 언어가 서로 다르다는 것을 인지하는 것부터 시작하자. 영아기 자녀라면 알아들을 수 없는 옹알이가 그들의 언어이지만, 그 속에는 부모와 자신을 '연결(또는 관계)'하고자 하는 강한 본능적 의도가 내포되어 있음을 알 필요가 있다. 옹알이를 통해 엄마 아빠와 연결하고자 접근하는 선천적인 목적이 있는 것이다. 언어는 다르지만 사람과 연결하여 관계를 이루고자 하는 목적은 성인과 같다.

두뇌가 발달하여 말을 할 수 있는 자녀라면, 자녀의 언어를 잘 들어보고 행동을 살펴보는 '관찰'이 중요한 포인트이다. 부모의 '관심 있는 관찰'은 많은 효과가 있다. 무엇보다 부모 자신의 입장보다는 자녀의 입장에서 상황을 이해하도록 다양한 단서를 제공한다.

예를 들면 자녀가 좋아하는 활동이 무엇인지, 자녀 세대에서 주로 사용하는 단어는 부모와 무엇이 다른지, 집에서의 모습과 밖에서의 모습이 일치하는지 아닌지 등 관찰이 제공하는 단서는 매우 많다.

이러한 단서들은 마음속에 있는 것의 외적인 표현이기에, 부모는 자녀의 말과 행동을 관찰하면서 자연스럽게 내면 세계로 들어갈 수 있다. 어떤 의도가 있었는지, 감정은 어떠했는지 등 다양한 것을 알 수 있다.

중요한 것은 자녀관찰일지 활용에서 강조했듯이, 관찰하면서 얻은 단서를 부모의 주관적인 생각으로 해석하거나 판단하지 않아야 한다. 자연스럽게 자녀와 연결될 수 있도록 단서를 활용하는 것이 좋다.

자녀와의 대화가 많은 부모는 언어가 다르다는 것을 인정한다. 그들은 사춘기 자녀의 언어를 사용한다는 것이 비록 어색하지만, 때로는 함께 사용하기도 하고 올바르지 않은 언어 사용을 수정해 주기도 한다. 언어의 본래 목적은 연결에 있다는 것을 알기 때문이다.

아울러 자녀와의 대화가 많은 부모는 객관적이고 수용적인 관찰이 가능하여, 자녀의 입장에서 마음을 '읽는 능력'이 탁월하다. 자녀의 행동을 보고 주관적으로 판단하거나 감정적으로 반응하는 일이 별로 없다. 결국 자녀의 입장에서 자신의 마음이 이해받는다고 느껴질수록 대화의 양이 많아질 수밖에 없다.

양육과 성 정체성이
무슨 상관?

인간은 성에 민감한 존재이다. 성은 인간의 기본 욕구 중 하나이기도 하다. 그렇기에 프로이트(Sigmund Freud)는 인간의 심리를 성의 관점에서 풀이했다. 하지만 자녀 양육에서 성을 어떻게 다루어야 할지 부모들은 잘 모른다.

유아기 자녀가 성에 대해 "엄마! 오빠는 있는데 왜 난 없어?"라고 질문한다든지, 사춘기 자녀의 포르노 시청이나 자위행위 등을 목격하면, 부모는 가슴이 철렁하고 어떻게 대처할지 난감해한다. 그만큼 성은 금기의 영역이라는 인식이 크게 자리 잡고 있다고 할 수 있다.

그러나 자녀 양육에 있어서 성은 반드시 다루어져야 하는 부분이므로, 부모가 알아야 할 성에 대한 중요한 두 가지를 소개한다.

첫 번째는 신체가 발달하는 것처럼 성 역시 발달하는 과정이 있다. 내가 남자인지 여자인지를 알아가는 성 정체성은 유아기에 형성된다. 하지만 성 정체성은 자기를 어떻게 느끼는지에 대한 자아 개념과도 밀접한 관계를 이루기에, 사춘기가 되기까지 지속적인 발달 과정을 거친다.

이러한 발달 과정을 프로이트가 적절하게 설명했다. 그는 유아기에 자신이 여성인지 남성인지를 알아가는 과정을 '남근기'라는 단계적 표현으로 정리했다. 이 시기는 자녀가 자신의 성을 알아갈 뿐만 아니라, 자신이 속한 성의 특징을 강화하는 행동을 한다. 따라서 자연스럽게 성에 대한 질문을 자주 하고, 자신의 성에 맞는 장난감을 선호하고, 성에 맞는 놀이를 통해 자신의 성 정체성을 강화해 간다.

특히 이 시기 남자아이의 경우 아빠의 역할은 무엇보다 중요하다. 엄마 양육 위주여서 아빠의 양육이 결핍될 경우, 아들은 동성인 아빠를 통해 성 정체성을 강화할 수 있는 기회가 줄어들게 된다. 그럼 아빠 대신 다른 친구들과 놀게 하면 되지 않느냐고 반문할 수 있겠지만, 유아기의 경우 사회성 발달 또한 아빠의 몫이 크기 때문에 아빠의 양육 결핍은 결국 다른 친구들과 노는 사회성과 성 정체성 발달 모두에게 영향을 줄 수 있다.

그러므로 출생 후 분리 불안이 서서히 사라지기 시작하는 시기(대략 24~36개월)까지는 엄마가 주 양육자, 아빠가 부 양육자로서 역할을 담당하는 것이 바람직하다. (이 부분은 거꾸로도 가능하다. 엄마가 경제 활동을 할 경우, 아빠가 주 양육자가 되어도 상관없다. 다만, 이 시기에 주 양육자가 갑자기 바뀌는 것은 좋지 않다.)

그러나 아이가 걷기 시작하여 놀이가 본격적으로 시작되는 3세 이후 6세까지는 아빠와의 놀이와 돌봄이 자녀에게 많은 영향을 주는 시기이기에, 아빠가 주 양육자로서 역할을 확대하는 것이 좋다. 바로 이 시기가 프로이트가 '남근기'라고 설정한 시기와 맞물린다. 이 시기의 아빠의 양육 참여는 자녀의 사회성과 성 정체성에 좋은 영향을 미친다고 볼 수 있다.

프로이트는 남근기 이후를 '잠복기'라 이름 붙여 성의 발달적 특징을 설명했다. 잠복기는 쉽게 초등학교 시기라고 이해할 수 있는데, 이 시기의 성은 '잠재 또는 잠복(latency)'이 특징이라는 것이다. 그러므로 초등학교 시기의 양육은 유아기나 사춘기에 일어나는 성에 대한 특별한 문제를 접하지 않는다. 오히려 이 시기의 성은 이성을 멀리한다. 사춘기가 일찍 찾아온 자녀가 아니라면, 초등학교 시기는 성적인 관심이 줄어드는 것이 일반적이다.

프로이트는 잠복기 이후를 '성기기'라고 이름하여, 다시 성적 관심이 높아지는 성적 발달의 특징을 설명했다. 성기기는 부모가 양육에서 가장 어려워하는 '사춘기'를 의미한다. 그렇다면 유아기(남근기) 자녀의 성 정체성과 사춘기(성기기) 자녀의 성 정체성은 무엇이 다를까?

성을 바라보는 자녀의 시각 방향이 다르다. 유아기는 자신이 남성인지 여성인지를 알아가면서, 남성과 여성의 역할과 특징을 강화시킨다. 성에 대한 시각 방향이 자기 내적으로 향해 있다. 반면에 사춘기는 자신의 남성성과 여성성을 표출하여 이성에게 자신의 성을 확인받고자 하는 강한 특징을 보인다. 성에 대한 시각 방향이 외적으로 향해 있다는 의미다.

그러므로 성에 대한 부모의 양육은 자녀가 자라면서 달라져야 한다. 유아기 자녀를 둔 부모라면 자녀가 자신의 성을 이해하고 강화할 수 있도록 놀이와 관심사를 나누어야 하며, 사춘기 자녀를 둔 부모라면 자녀가 자신의 성을 이성에게 확인받고자 하는 행동들을 이해하고, 올바른 행동 안에서 자신의 성을 지켜 갈 수 있도록 돌봐야 한다. 예를 들어 남자 청소년이 힘 자랑을 하는 것이나 여자 청소년이 화장에 강한 관심을 두는 것은, 자신의 성에 대한 정체성을 외부로부터 인

사춘기 자녀를 둔 부모라면
자녀가 자신의 성을 이성에게
확인받고자 하는 행동을 이해하고,
올바른 행동 안에서 자신의 성을
지켜 갈 수 있도록 돌봐야 한다.

정받으며 완성해 가는 일련의 행동들이라 할 수 있다.

부모가 알아야 할 성에 대한 두 번째 사항은 성에 대한 부모의 인식과 태도가 개방적이냐 보수적이냐보다, 자녀가 성에 대한 객관적 지식을 스스로 알아가도록 돕는 일이 더 중요하다.

성에 대한 인식은 과거에 비해 상당히 달라졌다. 성을 바라보는 시각에 따라 우려의 목소리와 찬성의 목소리가 공존하는 시대이다. 자녀 양육에 있어 부모가 가진 성에 대한 시각은, 당연히 자녀가 성을 바라보는 시각에도 영향을 미친다. 성에 대한 사회적 시각이 어떠하든, 자녀는 앞으로 자신의 인생을 살아가면서 자신의 입장을 선택해야 한다. 이때 부모의 역할은 자녀가 올바른 선택을 위한 객관적 시각을 가질 수 있도록 돕는 데 있다.

부모가 자녀의 의견을 듣고 조언 등으로 도울 수 있지만, 이미 성장한 자녀의 입장에 강압적으로 관여할 수는 없다. 그렇기에 어릴 때부터 올바른 성 정체성을 형성할 수 있도록 자녀와의 친밀감 있는 관계를 유지하는 것이 무엇보다 중요하다.

세대 간 차이가 있더라도, 대화를 통해 부모가 이해하는 성에 대한 지식을 공유하는 것은 자녀가 올바른 선택을 하는데 큰 영향을 줄 수 있다. 하지만 전문적인 성 지식을 일반 부모가 공유하기는 쉽지 않기 때문에, 부모가 가진 주관적 경험에서 오는 올바른 '성 역할'을 보여주거나 나누는 것이 좋다.

예를 들어 아동 청소년기 자녀라면, 엄마 아빠가 서로 사랑하고 아껴 주는 모습을 보여주는 것만으로도 성에 대한 훌륭한 가르침이 될 수 있다. 부부가 서로 존대하는 태도는 자녀가 향후 이성을 대하는 태도에 영향을 미치기에, 부부의 상호 존중은 아동 청소년기 자녀들이 배울 수 있는 중요한 성의 학습 내용이다.

청년기 자녀라면 성에 대해 책임을 질 수 있는 성인이 되었다는 것에 부모로서 뿌듯하고 기쁘다는 것을 강조할 수 있다. 엄마 아빠의 성적인 신뢰가 가져다주는 행복을 가정에서 직접 경험하며 자란 청년들은, 결혼 이후 성에 대한 책임이 가져다주는 행복을 지켜 나갈 확률이 높다. 쾌락적 성은 이러한 기쁨을 누릴 수 없게 할 뿐만 아니라 인생의 올무가 될 수 있다는 것을 말해 줄 수 있다.

우리 아이와
더 친해지고 싶어요

어느 부모나 자녀와 친해지기를 바란다. 가족이기에 당연히 친해져야 한다고 생각한다. 하지만 가족이기에 친해져야 한다는 생각은 타당한 이유가 될 수 없다. 가족이라고 해도 친해지고 싶지 않은 구성원이 존재할 수 있기 때문이다.

심리상담을 진행하다 보면 적잖은 사람들이 부모의 영향을 피하고 싶어 결혼을 선택했다고 말한다. 그리고 때로는 부모가 주는 상처가 다른 어떤 사람들이 주는 상처보다 훨씬 깊다고 말한다. 분명히 대부분의 부모들은 자식 사랑에 많은 에너지를 쏟아붓는데도 불구하고,

결과는 정반대인 경우가 제법 많다.

그러므로 친해진다는 것은 단지 가족으로서 생물학적인 유전자를 공유한다고 만들어지는 것이 아니다. 그보다 외적인 환경에서 얼마나 서로를 공유하며 친밀감을 형성하느냐에 달려 있다. 친밀감을 형성한다는 것은 인간관계에서 느끼는 감정과 서로 생각을 맞추어 간다는 의미이다. 상대방의 감정에 함께 반응하고 생각을 조율해 가면서 자연스럽게 형성되는 것이 바로 친밀감이다.

친밀감을 형성할수록 우리의 생리적 환경은 바뀌게 된다. 스트레스가 각종 질병을 발생시키는 데 작용하는 것처럼, 친밀감은 우리의 생리적 환경을 선순환으로 바꾸어 놓는다. 여기에 대표적으로 작용하는 물질로는 옥시토신이 있다.

옥시토신은 우리 신체에서 다양한 역할을 하지만, 서로 사랑하고 친해질수록 활성화된다.[6] 인간관계에서 친밀감이 강할수록 옥시토신의 활성화가 강하게 드러난다는 뜻이다. 과연 부모-자녀와의 친밀한 관계가 옥시토신의 영향이라면, 어떤 요소들이 옥시토신을 활성화하도록 만들까? 부모로서 어떻게 하는 것이 옥시토신을 증가하도록 돕는 것일까? 다음의 몇 가지 방법을 응용하는 것이 도움이 될 수 있다.

첫째로 대화 중 눈맞춤이 관건이다. 대화 중 눈을 맞추는 행위는 적극적인 경청이 이루어질 때 가능하다. 부모와 자녀 사이가 좋을수록 눈맞춤이 높은 이유이다. 부모는 자녀를 바라보면서 자녀의 필요나 기대를 읽을 수 있고, 자녀는 부모의 눈을 통해 부모의 사랑과 지혜를 엿볼 수 있다.

2015년 다수의 학자들이 자폐증 아동을 중심으로 옥시토신에 대한 연구를 진행하였다. 자폐 증세로 인해 부모와의 눈맞춤이 없는 아이들에게 옥시토신을 투여한 결과, 눈맞춤이 훨씬 증가하였다고 보고한다.[7] 그만큼 대화 중 눈맞춤은 별것 아닌 행위처럼 보여도, 친밀감을 증진시키는데 큰 역할을 한다는 것을 알 수 있다.

둘째로 '안아 주기' 같은 스킨십이 옥시토신의 수준을 높이는데 큰 역할을 한다.[8] 옥시토신은 우리 두뇌의 시상하부에서 만들어지고 뇌하수체에 저장된다. 그리고 안아 주기 같이 감정을 불러일으키는 행동을 주고받을 때 우리 몸으로 방출되어, 친밀감 및 긍정적인 감정을 느끼며 유대 관계를 증진하도록 이끈다.

옥시토신은 무엇보다 얼굴 표정을 바꾸어 놓는 것으로 알려져 있다. 특히 행복한 얼굴 표정을 인식할 때 강하게 반응하며 활성화되었다.[9] 그러므로 부모가 밝은 얼굴로 꾸준하게 안아 주고 스킨십으로 자녀에게 반응하여 자녀의 얼굴이 환하게 바뀌었다면, 옥시토신이 영향을 미치고 있다는 증거인 셈이다.

셋째로 옥시토신은 자존감과 낙천적인 성격에도 연관되어 있다.[10] 그러므로 자존감을 살려주는 말들이 옥시토신 향상에 영향을 줄 수 있다. 당연히 좋은 말이 오갈수록 관계는 친밀해지기 마련이다. 그러나 친밀한 관계는 관계가 평등할 때 쉽게 이루어지는데, 부모-자녀 관계란 동등한 상태를 이루기가 참 어려운 관계이다.

마치 경직된 분위기의 직장에서 부당한 일을 경험할 때 상사에게 따지고 싶어도 그것이 어려운 것처럼, 친밀감이 없는 경직된 가정이라면 자녀들이 부모에게 하고 싶은 말을 제대로 전달하기는 쉽지 않다. 서로 존중하는 인격적 관계가 형성되지 못했기 때문이다.

그러므로 자존감을 살려주는 말은 자녀가 부모와의 관계에서 서로 인격적 위치에 있다는 것을 느끼도록 도울 뿐만 아니라, 경직된 관계를 풀어 주어 대화를 부드럽게 이어가도록 돕는다. 결국 인격적으로 동등한 관계를 위해 부모가 자녀의 세계로 내려오는 것이 친밀감 형성에 중요하다.

그러므로 좀 더 자녀와 친해지기를 바란다면, 자녀에게로 다가와 눈을 맞추고 대화를 시도하는 것은 어떨까? 조용히 안아주면서 따뜻한 온기와 함께 부모의 사랑을 전달하는 것은 어떨까? 자녀를 '있는 그대로' 인정하면서 자존감을 세워주는 말을 건네는 것은 어떨까?

이러한 실천이 반복될수록 옥시토신은 자연스럽게 영향을 발휘하고 친밀감은 높아질 것이다. 필자라고 예외는 아니다. 어떤 부모든 지금보다 자녀를 좀 더 사랑해 주고 자녀와 친해지기를 바라는 마음은 같을 테니 말이다.

부모 자신과의 관계도 중요합니다

"다 나 때문이에요. 못난 부모 만난 애가 불쌍하죠. 야단칠 자신이 없어요. 나도 이 모양인데 누가 누굴 훈계하겠어요?" 부모가 자신과의 관계가 좋지 못하면 자녀와의 관계에도 문제가 발생한다. 부모가 자신을 대하는 태도는 자녀가 자신을 대하는 태도와 무관하지 않다.

완벽한 엄마는
없습니다

엄마들을 대하다 보면 아이와 좋은 관계인 분들도 있지만, 갈등으로 힘든 시기를 보내는 분들도 있다. 자녀와 갈등이 잦은 경우 크게 두 부류로 나뉜다. 한 부류는 자녀 양육에서 일어나는 문제를 모두 자기 탓으로 돌리면서 해 준 것보다 못해 준 것이 생각나고, 항상 자녀에게 미안한 마음이고, 심할 경우 죄책감을 느끼기도 한다. 다른 한 부류는 자녀의 문제가 나와는 상관없다고 주장하는 엄마들이다. 아이에게 필요한 것을 다 해 주었기 때문에 잘못이 없으며, 잘못되거나 못 따라오는 것은 모두 아이 탓이라고 책임을 돌린다.

하지만 엄마가 희생하고 최선을 다한다고 해서 자녀가 완벽하게 성장하는 것도 아니고, 친밀감도 없이 필요한 것을 공급해 준다고 해서 아이가 만족하는 것도 아니다. 무조건 희생하고 잘 공급해 주는 것이 성공적인 자녀 양육으로 통하는 지름길이라면, 아마도 자녀 양육은 지금보다 훨씬 쉬운 일일 것이다.

하지만 현실은 전혀 그렇지 않다. 물론 희생한 만큼 좋은 결과를 얻기도 하지만, 모든 경우가 그렇지는 않다. 오히려 그렇지 않은 경우가 더 많다. 최선을 다해도 자녀 관계에서 어려움을 겪기도 하고, 조금 허술한 듯 보여도 행복하고 재미있게 관계를 이어가기도 한다.

그렇기에 자녀 양육에서는 부모가 '인과 관계'를 따지는 시각에서 벗어날 필요가 있다. 사실 인과 관계를 따질수록 자녀는 본연의 마음을 찾아가는 데 방해를 받을 수 있다. 엄마가 결과를 기대하며 자녀에게 원하는 결과를 바랄수록 자녀는 엄마의 틀에 맞추어 자랄 수 있기 때문이다.

자녀 문제를 자기 탓으로 돌리는 엄마는 자신이 다른 엄마보다 못해 주고 있다는 생각이 강하다. 다른 아이들과 비교하여 자녀가 열등하거나 부족하다고 느껴지면, 자녀를 향한 헌신 강도를 높여 뒷바라지를 한다.

하지만 애석하게도 이 부류에 속한 엄마들은 자녀가 가진 장점과 가능성이 얼마나 큰가보다는, 늘 자신이 마음에 두고 있던 부족한 점으로 다른 아이들과 비교하며 걱정하는 특징이 있다. 물론 엄마라면 자녀의 재능을 모르는 바가 아니지만, 이 부류의 엄마에 속하면 자녀의 부족한 점이 미래의 삶에 미칠 부정적 영향에 집중하면서 불안과 걱정에 시달리기도 한다.

이들을 면밀하게 관찰하면 어떤 면에서는 강한 재능이 있고 다른 면에서는 부족함이 있는 자녀 본연의 모습보다는, 자신의 헌신으로 자녀를 완벽하게 만들고자 하는 무의식적 의도가 숨어 있는 경우를 자주 발견한다.

반대로 자녀의 문제는 자신과는 상관이 없고 자녀 탓이라고 하는 엄마들은 어떤 문제든 자신과 연결시키지 않으려는 특징이 강하다. 주로 엄마 자신의 생각과 판단을 강조하여, 자녀가 처한 상황을 올바로 공감하지 못한다. 게다가 자녀와의 공감이 부족하다 보니 자녀가 필요로 하는 것을 채워주기보다는, 자신의 기준에서 일방적으로 필요를 공급하는 경우가 많다. 게다가 공급에 대한 결과가 기대했던 대로 나타나지 않는 경우 매우 혼란스러워한다.

이들은 자녀가 자신의 기준과 기대의 틀에서 벗어나면 힘들어하고 잔소리가 많아진다. 그렇다고 아이들을 사랑하지 않는 것이 아니다. 이들에게 아이들을 사랑하는 것은 자녀의 미래를 미리 준비시키는 것이며, 자신의 기준과 틀에서 성장해야 성공할 수 있다고 믿는 것이다.

두 부류 모두 자녀를 잘 키우고 싶은 속마음에서 시작하지만, 자녀의 입장에서는 그 속마음을 발견하기보다 갈등을 경험하기 쉽다. 그렇다면 완벽한 엄마는 없는가? 답은 '그런 엄마는 없다'이다. 아무리 자녀와 좋은 관계를 가지는 엄마라 할지라도 완벽하지 않다.

사실 엄마는 충분히 고달프다. 임신과 출산도 힘든 과정이지만, 출산 이후 자기 몸 회복하기도 힘든데 갓 태어난 아기를 위해 모유를 먹이고 밤잠을 설치며 진을 빼는 돌봄을 제공한다. 아이가 성장하면서도 마찬가지다. 아이 하나 키우는 것도 힘들지만, 둘 이상 양육하는 경우 그야말로 중노동이다.

그러면서도 아이의 부족한 점을 보면 못해 준 것 같고 자기 탓 같다. 비록 공감력이 부족하고 자기중심적으로 돌보는 엄마라 해도, 자녀를 향한 모성애는 형태가 다를 뿐 비슷하다. 그러므로 자녀에게 완벽한 엄마가 되기보다, 모성애를 충분히 표현해 줄 수 있는 좋은 엄마가 되는 것이 바람직하다. 그렇다면 '좋은 엄마'라면 무엇이 필요할까?

먼저 이 세상에 완벽한 엄마는 없다는 사실을 인식하면서, 나는 내 아이의 엄마라는 '엄마 자신에 대한 수용성'이 필요하다. 자녀에 대한 최고 전문가는 아동 전문가가 아니라 바로 엄마 자신이다. 엄마만큼 자기 자녀에 대해 많이 알고 느끼고 경험한 사람은 없다.

그러므로 자녀에 대해 관찰과 성찰을 통해 좀 더 세심하게 알아가면서, 부딪혀 보고 소통해 가면서 관계적 대안을 적용하는 것이 좋다.

전문가의 도움을 무조건 의존하기보다는 엄마로서 자신감을 가지고 자녀 문제를 관찰하고 직면하는 용기를 가져야 한다.

둘째는 완벽하게 양육하려는 생각보다, 자녀가 좋아하는 엄마가 되려는 자세가 필요하다. 먼저 엄마의 주관보다 자녀의 입장에서 생각하고 느끼려는 방향 전환이 필요하다. 도날드 위니캇(Donald W. Winnicott)이라는 심리학자는 '충분히 좋은 엄마'라는 개념을 강조했다. 그가 제시한 '충분히 좋은 엄마'란 처음에는 자녀가 엄마를 의존해야 하지만, 성장하면서 엄마와 만든 안정감의 영향으로 엄마로부터 독립하도록 돕는 존재를 말한다.

다시 말해서 충분히 좋은 엄마는 자녀와의 관계에서 좋은 이미지로 자녀의 마음에 새겨져서 안정감을 느끼도록 돕는 대상을 말하는데, 좋은 이미지가 마음에 남는 과정은 아이나 어른이나 마찬가지다. 주변 관계에서 어떤 사람이 나에게 좋은 이미지로 남아 있는지 떠올려 보면 이해하기 쉽다. 이런 사람들의 특징은 몇 가지로 압축될 수 있다. 내 마음을 아는 사람, 말이 통하는 사람, 한결 같은 사람, 만나면 기분 좋은 사람 등이다.

결국 자녀에게 좋은 이미지로 남아 있는 엄마의 모습도 이와 다르지 않다. 자녀가 느끼기에 엄마가 내 마음을 알거나, 말이 통하거나, 한결 같거나, 함께 있을 때 기분 좋게 느껴진다면, 그 엄마는 자녀에게 '충분히 좋은 엄마'임에 틀림없다.

세상에는 완벽한 아빠도
없습니다

아이는 대개 엄마를 좋아한다. 힘 있는 아빠보다 굳이 연약한 엄마에게 안기기를 원하고, 놀아 달라고 요구한다. 어쩌면 아빠도 아이가 자신을 귀찮게 하지 않기를 바랄지도 모른다. 그러면 그럴수록 아빠가 분명히 있는데도 불구하고 아이에게 아빠 없는 상태가 되고 만다. 아이의 그림에서 아빠의 존재가 사라지고, 엄마 휴대폰 사진 속에서도 늘 엄마와 아이만 남는다. 아이의 기억도 엄마와의 놀이 세계만이 추억으로 남는다.

가정에서 아빠 역할은 중요하다. 우선 가정을 책임지고 이끌어가야 한다. 경제적인 공급도 필요하지만, 안전과 보호도 아빠의 중요한 역할이다. 심리 정신적인 측면에서도 아빠의 역할이 필요하다. 아이에게 엄마와의 관계가 안정감을 준다면, 아빠의 양육 참여는 사회성 발달에 중요한 역할을 한다.

또한 엄마는 자녀의 약점을 걱정하며 안타까워하는 경향이 있지만, 아빠는 자녀의 강점을 더 강하게 키우려는 성향이 있다. 그렇다 보니 엄마는 자녀가 다치는 것을 염려하지만, 아빠는 목적 성취를 위해 어느 정도 위험 감수가 도움이 된다고 생각한다.

그러므로 아빠는 아빠대로 엄마는 엄마대로 부모의 양육을 골고루 경험하는 것이 아이의 균형 잡힌 발달을 이루는 데 좋다. 엄마와의 시간은 물론 아빠와의 시간을 통해 아이가 서로 다른 필요를 채울 수 있기 때문이다. 무엇보다 자녀의 행복은 아빠든 엄마든 꾸준하고 친밀한 관계를 경험할 때 이루어진다.

엄마와 마찬가지로 아빠도 아이에게 더 잘해 주고 싶고 못해 준 것에 대한 미안함이 있다. 하지만 일반적으로 아빠는 그러한 마음을 잘 표현하지 않는다. 자녀와 친밀한 관계를 이루며 행복을 느끼는 아빠도 있지만, 자녀에게 어떻게 다가가야 할지 잘 모르기도 한다.

그런 경우 마음먹고 자녀에게 가까이 다가가려 하지만, 아이들이 자리를 피해 버리거나 엄마에게 가 버리기도 한다. 아빠와의 관계가 좋지 않아서 멀어지는 경우도 있고, 서로 마음은 있어도 함께 있으면 할 말이 없어 어색해서 피하는 경우도 많다.

하지만 아빠들이 알아야 할 중요한 사실은 비록 관계가 어색하더라도, 함께할 시간이 적더라도, 그리고 약한 모습을 보이더라도 끝까지 가정을 책임 있게 이끌어 가고, 삶의 현장에서 묵묵히 자신의 일에 충실한 모습을 보여주고 있다면 자녀는 그것을 마음에 담는다.

완벽한 아빠의 모습을 보여주고 싶은 마음은 모든 아빠에게 있을 것이다. 하지만 완벽한 아빠는 없다. 보여주기 싫은 모습, 케케묵은 모습, 주저앉은 모습을 보여줄 때도 있겠지만 다시 일어서는 아빠를 보면서, 자신도 모르게 역경이 닥치더라도 포기하지 않는 법을 배우게 된다.

무엇보다 아빠 역할에 대한 자녀의 평가는 아동기나 청소년기보다는 그들의 인생 후반부에서 더욱 빛을 발한다. 자녀가 중년기에 이르러 아빠 위치가 되면 과거의 케케묵은 아빠 모습, 보기 싫었던 아빠 모습은 잘 보이지 않는다. 오히려 묵묵히 가정과 직장에 충실했던 아빠 삶의 태도가 돋보일 뿐이다.

삶이란 알고 맞이하는 것이 아니다. 누구나 미지의 세계를 맞이하면서 그 상황에서 옳다고 생각하는 것을 선택하면서 살아가게 마련이다. 이때 중요한 것은 엄마가 심어준 안정감과 아빠가 보여준 삶의 태도가 자녀 인생에 모델이 되어 성장의 동력이 된다는 것이다. 자녀들은 그것들에 기대어 자신의 삶에서 방향을 잡아간다.

아빠 역할이 자녀의 인생 후반부에 빛을 발한다고 해서 자녀의 어린 시기에 아빠 역할이 중요하지 않다는 것이 아니다. 어린 자녀들과 적극적으로 관계하는 것을 아빠가 게을리해서는 안 된다. 자녀에게 아빠는 일생 동안 영향을 미치는 것이지, 후반부에만 영향을 주는 것은 아니다.

아이는 부모의
그림자입니다

"내가 낳은 아이지만 정말 힘들어요. 어떻게 이런 애가 태어났는지 모르겠어요." 못마땅한 표정으로 딸에 대해 말하는 엄마의 첫마디였다. 자녀를 양육하느라 참으로 많이 힘들고 고단한 모습이 읽혀졌다.

하지만 엄마가 힘들다는 건 딸도 힘들다는 뜻이다. 모든 관계는 상호적으로 영향을 주고받기에 그렇다. 아이러니하게도 자녀 문제로 힘들어서 찾아오는 대다수 부모의 경우 일차적 문제가 자녀에게 있을 확률은 극히 적다.

사춘기일 때는 호르몬의 영향으로 감정 기복이 심하여 갈등이 일어나기도 하지만, 그것 역시 어떻게 부모가 반응하는가에 따라 달라진다. 대부분 자녀의 현재 모습은 부모의 영향으로 만들어지기 쉽다.

부모의 마음 상태는 관계를 통해 자녀에게 그대로 반영된다. 자녀로 인해 스트레스를 받는 부모의 마음도 이해하지만, 사실 내가 싫어하는 자녀의 어떤 모습은 내 모습 어딘가에 존재하는 '그림자' 같은 모습이기도 하다. 그래서 자녀의 행동과 태도를 올바로 이해하기 위해서는 부모인 '나'를 살펴보는 것이 도움이 된다.

인간은 두 가지 신비한 세계 속에서 삶을 살아간다. 한쪽은 '아는' 세계이고 다른 한쪽은 '느끼는' 세계이다. 두 세계는 '관계' 속에서 서로 같을 수도 있지만 다를 수도 있다. 자녀와의 관계에서 내가 자녀를 알고 있는 것과 느끼는 것, 그리고 자녀가 나를 알고 있는 것과 느끼는 것에서 차이가 있을 수 있다는 말이다.

이것은 우리 뇌의 특징을 알면 쉽게 이해할 수 있다. 뇌는 감각을 통해 들어오는 정보를 이해하고 분석하여 아는 세계를 다루는 회로가 있고, 좋은지 나쁜지를 평가하여 느끼는 세계를 다루는 회로가 있다. 이 두 회로가 서로 긴밀히 상호 작용하며 우리 삶에서 행동과 태도를 결정하게 한다.

이 두 회로는 분명하게 구분되어 있다. 우리는 감각을 통해 들어온 자극을 이미 저장된 기억 정보를 사용하여 그 자극이 무엇인지 이해한다. 그 기억된 정보가 특정 감정과 함께 저장되어 있다면 그 감정을 불러일으킨다. 결국 같은 자극에 대한 새로운 감정을 느낄 수 있는 전혀 새로운 경험을 하지 않는 한 비슷한 '이해'와 '감정'을 갖게 된다. 자녀를 새롭게 느낄 수 있는 경험이 축적되지 않으면 자녀에 대한 시각을 바꾸기 어려운 이유이다.

그래서 부모는 자녀가 다르게 행동하기를 바란다. 지금까지 보여준 자녀의 행동이 이미 부모의 마음속에 저장된 부정적인 이해와 감정을 불러일으키기에 새로운 경험을 갈망하는 것이다. 하지만 내가 알고 느끼는 자녀의 모습이, 내 생각과는 전혀 다른 나 자신의 모습일 수 있다. 자녀가 지금 부모인 나에 대해 알고 느끼는 이해와 감정은 내가 이미 가졌던 내 부모에 대한 이해와 감정일 수 있어서, 자녀의 모습은 곧 내 모습이기도 하다.

자녀에 대해 자동적 반응으로 이해하고 느끼기 전에, 잠시 나와 내 부모와의 관계를 탐험하는 것도 나쁘지 않다. 나는 내 부모를 어떻게 알고 느끼고 있는지, 기억에 남는 사건이나 감정들을 떠올려 보는 것도 좋다. 혹시 부모님과 같은 모습으로 자녀를 대하지 않는지 성찰해보는 시간은 자녀를 이해하는 데 큰 도움이 된다.

만약 부모의 양육 패턴이 나에게 반복되고 있다면, 내 모습을 보는 자녀는 어린 시절 내가 느꼈던 이해와 감정을 똑같이 가질 확률이 높다. 결국 아이 모습은 그림자가 되어 곧 내 모습이 된다.

하지만 두뇌는 아이 모습이 내 모습이라는 것을 떠올리지 못한다. 어린 시절 부모와 나 사이에서 만들어진 '관계적 특징'이 나도 모르는 사이 '나'와 '내 아이'의 관계에도 적용되어, 똑같은 양육 패턴을 사용하도록 이끈다. 그리고 어린 시절 관계와 함께 저장된 감정들은 나와 내 아이 사이에서 비슷한 특징이 보일 때마다 튀어나오는 것이다.

내가 부모와의 관계에서 가졌던 감정들을 떠올려 보라. 서운했다면 지금 자녀도 서운한 것이다. 무서웠다면 지금 자녀도 무섭고 불안할 수 있다. 반대 감정도 마찬가지다. 언제 내가 즐거웠는지 안정감이 들었는지 살펴본다면, 그때가 자녀도 즐겁고 안정감이 들 때다.

만약 자녀 모습을 보면서 문득 '저렇게 예쁜 내 새끼인데 나도 모르게 왜 자꾸 모질게 대할까?' 같은 생각이 든다면, 자녀는 거울로 비춰지는 내 모습일 가능성이 높다. 자녀의 행동이나 태도를 보면서 화를 내고 있거나 불편함을 느끼며 잔소리를 하고 있다면, 혹시 내가 싫어하는 내 모습을 보고 있는 것은 아닌지 살피는 것도 도움이 된다.

마음속에 저장된 부정적인 이해와 감정을 바꾸고 싶다면, 나를 보는 것처럼 자녀를 보는 자세가 필요하다. 내가 보였던 분노와 잔소리는 마치 거울을 보며 내가 싫어하는 나에게 보인 분노와 잔소리는 아닐까 생각해 보는 것이다. 그래야 자녀가 느꼈을 서운함을 느낄 수 있고 분노 앞에 선 불안을 느낄 수 있다. 이것을 심리학적인 용어로 '공감'이라고 한다.

자녀와의 관계에서 공감을 통해 새로운 추억과 감정을 만드는 경험은, 자녀가 아니라 부모인 내가 꾸준하게 만들어야 한다. 그래야 새로운 관계의 특징이 자녀의 마음에 새롭게 만들어져 다음 세대에도 적용될 수 있다.

아빠 또는 엄마가 되었다는
자기의식은 부성애와 모성애를 통해
자녀에게 표현되며, 무거운 책임감도
느끼지만 자녀로부터 얻는
행복감을 느끼도록 돕는다.

우리는 부부이자
부모랍니다

부모란 말 그대로 아비와 어미를 가리킨다. 결혼하면 자연스럽게 부모가 되는 것으로 알지만 그렇지 않다. 부부와 부모는 엄연히 다르다. 부부의 정체성과 부모의 정체성은 한 지붕 아래 같이 산다는 것 빼고는 비슷한 점이 별로 없다.

우선 부부는 관계의 대상이 배우자이지만, 부모는 그 대상이 자녀이다. 그렇기에 부모가 되었다는 것은 더 이상 부부로만 결혼 생활을 할 때와 똑같은 방식으로 생활할 수 없다는 것을 의미한다.

자녀를 갖게 되면 부부는 자연스레 자녀에게 집중하고, 대화 주제도 자녀 양육을 위한 것으로 바뀌게 된다. 자기 자신에 대한 태도도 바뀐다. 아빠로서 그리고 엄마로서의 정체성은 자녀를 가지기 전과는 전혀 다른 방식으로 자신을 바라보게 만든다. 아빠 또는 엄마가 되었다는 자기의식은 부성애와 모성애를 통해 자녀에게 표현되며, 무거운 책임감도 느끼지만 자녀로부터 얻는 행복감을 느끼도록 돕는다.

또 한 가지 차이점은 부부와는 달리 부모는 이전 세대와 다음 세대 사이 중재자 역할을 한다는 점이다. 소위 대를 잇는 역할을 한다. 그래서 부모로서의 정체성에는 자녀 양육의 책임이 포함되지만, 부부로서의 정체성에는 자녀에 대한 책임이 없다.

대를 잇는 중재자의 역할은 단순히 자녀를 낳는 생물학적 중재에 국한되지 않는다. 자녀가 잘 성장하여 성인으로서 가족과 사회에 좋은 영향을 미칠 수 있도록 양육하는 역할이 포함되기에 그렇다. 그러므로 부모로서 나는 누구인가를 살펴본다면, 나의 존재가 꽤 중요하고 현재의 삶에서 고군분투하는 노력이 헛되지 않다는 것을 깨달을 수 있다.

하지만 부부로 사는 것과 부모로서 사는 것이 서로 전혀 영향을 미치지 않는 것은 아니다. 오히려 긴밀하게 얽혀 있다. 사실 부부로서 어떻게 사는가는 부모로서 어떻게 사는가를 결정짓기도 한다.

과거와 다르게 가정의 형태가 세분화되고 다양화되었지만, 일반적으로 부모 이전에 부부로서의 삶이 우선된다. 부부와 부모는 연장선상에 있다. 부부가 서로 어떤 관계를 맺고 있는가는 부모가 되었을 때 자녀에게 미치는 영향의 질을 결정한다.

부부 갈등이 자녀에게 미치는 영향에 대한 연구를 살펴보자. 부부 관계가 좋지 않을수록 자녀는 다양한 문제 행동을 보였으며, 사회적 기술과 정신 건강에도 부정적 영향을 미쳤다.[11] 부부 문제가 부부 사이에서 그치지 않고 자녀에게 영향을 미쳤다는 의미이다.

부모라면 누구든 자녀에게 좋은 모습을 보여주고 싶은 마음이 많지만 현실은 그렇지 않으며, 부모가 생각하는 좋은 모습도 각양각색이다. 그래서 좋은 부모의 모습을 보여주기 위해 저마다 자신의 방식대로 노력한다.

어떤 부모는 자녀의 필요와 원하는 것들을 풍족하게 채워주려고 하고, 어떤 부모는 시간을 함께 보내며 추억을 만들어 가려고 한다. 하지만 자녀 입장에서 그 무엇보다 중요한 '필요'가 한 가지 있다. 그

것은 부모가 서로 행복한 관계를 이루는 모습을 보고 그 속에서 안정감을 얻는 것이다.

사실 부부 행복이 자녀에게 긍정적 영향을 미친다는 자료는 수없이 많다. 무엇보다 안정감이 있는 자녀는 자아존중감이나 자기효능감이 높기에, 학업성취도나 또래 관계 등 다방면에서 긍정적 결과를 불러온다고 말한다. 결국 부부 관계에 따라 자녀가 받는 영향이 매우 크다는 것을 알 수 있다. 그러므로 부부 관계를 점검하고 배우자를 챙기는 실천은 좋은 부모의 역할을 자녀에게 보여주는 매우 효과적인 방법이다.

죄책감 말고
자존감을 키우자

죄책감은 대부분의 부모가 느끼는 흔한 감정 중 하나다. 하지만 죄책감이 지나치면 자녀 양육에 좋지 않다. 부모에게 죄책감은 기대치만큼 자녀를 돌보지 못하는 자신을 발견할 때 느끼는 감정이다. 그러므로 자녀를 사랑하고 돌보고자 하는 마음이 강하면 강할수록 자신의 역할에 대한 기대치가 커서 죄책감을 느끼기 쉽다.

그렇다면 자녀를 사랑하고 잘 돌보고자 하는 기대치가 문제일까? 그렇지 않다. 부모가 자녀를 사랑하는 것은 자연스러운 현상이다. 오히려 죄책감의 문제는 자녀를 향한 사랑이나 기대치보다는 부모 자신의 자존감(self-esteem)과 관계한다.

자존감이란 자기 자신을 향한 태도를 말하는 것으로, 나를 긍정적으로 보느냐 부정적으로 보느냐에 대한 개인의 평가이다. 그러므로 부모가 자신을 어떻게 평가하는가에 따라 기대치가 달라지기에 죄책감에 대한 무게도 달라진다. 긍정적인 자아상을 가지면 나의 행동에 대한 평가도 긍정적이어서 기대가 충족되지만, 나를 부정적으로 바라보면 똑같은 행동이라 할지라도 내가 하는 행동이 마음에 들지 않아 기대가 높아지고 충족되기가 어려워진다.

자아존중감은 하루아침에 만들어지는 것이 아니다. 어떤 한 가지 요인만으로 만들어지는 것도 아니다. 어린 시절 부모와의 초기 관계는 자아존중감의 바탕이 되는 자아상을 형성하는데 큰 비중을 차지하고, 어린 시절 부모와의 관계에서 어떻게 느껴졌는지에 따라 자신에 대한 이해와 감정이 자리를 잡는다.

부모로부터 보호와 사랑을 받으며 자랐다면 스스로 '나는 사랑받는 아이'라고 느끼면서 긍정적인 자아상이 만들어지지만, 비교, 불공평함, 학대 등을 받으며 자랐다면 '나는 미움받는 아이', 심지어 '버림받은 아이'라고 느끼면서 부정적인 자아상을 만들게 된다.

생애 초기 부모와의 관계에서 만들어지는 자기 이해는 이후 성장 과정에서 또래 관계 또는 배우자 관계를 통해 긍정적으로 바뀌기도 하지만, 애석하게도 부정적인 관계 경험을 반복하면 '역시 아무도 나를 좋아하지 않아'라는 부정적 평가가 강화되기도 한다.

이처럼 자신에 대한 평가가 부정적일수록 자녀를 양육하는 자신의 행동은 완벽하지 못하며, 게으르고, 자녀의 문제도 내 탓이라고 생각하며 죄책감에 빠지게 된다. 그렇다면 부모로서 어떻게 죄책감을 떨쳐버리고 자존감을 향상시킬 수 있을까?

가장 중요한 첫 단추는 주관적인 생각보다 객관적인 시선을 기르는 것이다. 자존감이든 죄책감이든 개인이 주관적으로 느끼는 감정의 일부라는 사실을 자각하자!

일반적으로 자존감이 낮은 사람이 자존감이 높은 사람을 부러워하는 모습을 보인다. 하지만 자존감이 높다고 무조건 좋고 양육을 잘하는 것은 아니다. 오히려 자존감이 높아 보여도 그것이 건강한 자존감이 아니면 양육에 실패하는 경우가 있다. 그리고 자녀를 양육하면서 못해 준 것에 대해 죄책감이 드는 부모라면, 이미 자녀에게 힘에 부치게 애쓴 부모일 가능성이 높다.

주관적인 판단으로 다른 부모와 비교하여 위축되지 말자. 자녀에게 못해 준 것들이 생각나거든 그 목록을 작성하고, 동시에 자녀를 향한 사랑을 어떻게 표현하였는지 자녀를 위해 애썼던 것은 무엇인지 그 목록도 기록해 보기를 권한다. 지금까지 자녀를 위해 애썼던 부모로서 강한 자신감을 얻을 수 있다. 적어도 나 자신을 새롭게 느껴볼 수 있다.

둘째로 부모는 자신의 자존감을 자녀와의 관계에서 찾아야 한다. 나로 인해 자녀가 건강하게 자라고 있다면, 자녀가 나에게 '최고'라고 말하고 있다면, 자녀가 힘들 때 나에게 다가와 위로를 받고 있다면 자녀는 나를 '안전기지'로 삼는 것이다. 부모로서 최고의 부모인 셈이다.

하지만 안타깝게도 많은 경우 자녀와의 관계에서 부모로서 자존감을 찾기보다 자녀의 성적이나 기술에 따라 자존감을 찾으려 한다. 자녀의 성적이 높거나 피아노, 태권도와 같은 결과가 뛰어나면 양육을 잘한 것 같고 그렇지 않으면 실패했다고 느낀다.

아무리 높은 성적을 가지고 다른 자녀들보다 많은 능력을 습득했다 할지라도 부모와의 관계가 틀어진 채 성장한 자녀는 부모가 느끼는 것과 달리 자존감이 곤두박질치게 된다. 자녀 양육은 결과만으로 평가하려 하지 말아야 한다. 자녀 양육만큼 과정이 중요한 일도 없다. 주변에서 말하는 소위 자녀가 잘된 '결과'만 듣고 자신의 양육 '과정'을 과소평가하거나 값진 노력을 훼손하지 말자.

또한 양육은 절대적인 것이 아니다. 부모마다 잘하는 부분이 있고 못하는 부분이 있게 마련이다. 내가 못하는 부분에만 집중하여 주눅 들고 죄책감을 느낄 필요가 없다. 사람들이 직접 말하지는 않아도 내가 잘하는 부분을 보며 부러워할 수도 있기 때문이다.

부모 행복이 자녀에게 미치는 영향

서로 사랑하여 결혼하고 부부가 되지만, 아이로니컬하게도 결혼 만족도를 나타내는 그래프는 결혼과 함께 떨어지기 시작하여 자녀가 출가한 이후까지 하락세가 이어진다.[12] 연애할 때 또는 신혼 때의 분

홍빛 행복은 결혼 생활의 현실 속에서 점점 퇴색된다. 그리고 자녀를 낳고 삶을 살아가기 바쁘다 보면, 결혼 전 생각했던 결혼 생활과는 전혀 다른 삶으로 느껴지는 것이 일반적인 모습이다.

그러므로 부부가 행복하다는 것은 삶에서 문제도 없고 갈등도 없는 상태가 아니다. 살아가면서 생기는 다양한 문제도 경험하고 부부 갈등도 있지만, 그럼에도 불구하고 행복을 유지하는 것이다.

물론 살아가다 보면 부부 갈등이 더 심화 될 수도 있고, 반대로 점점 행복감을 느낄 수도 있다. 하지만 부부가 행복을 경험하든 갈등을 경험하든 그 영향은 부부에게만 미치는 것이 아니다.

부부가 행복하면 부모의 역할에도 긍정적 영향을 미친다. 부부의 행복이 자녀에게 미치는 가장 큰 영향은 자녀가 행복이 무엇인지 경험하여 자신이 행복하도록 생각과 감정을 조율하는 법을 배우는 것이다. 아울러 부부가 서로 이해하고 사랑하는 모습뿐만 아니라 갈등이 있을 때 지혜롭게 해결해 가는 과정을 자녀가 보고 배우면서 문제 해결 능력도 체득하게 된다.

갈등이 전혀 없는 부부 관계는 없다. 행복한 부부는 문제 해결 능력이 우수한 것이지, 갈등 자체가 일어나지 않는 것이 아니다. 매일경제의 한 연구에서는 자녀가 아빠와 엄마 모두에 대해 만족할 경우 (92%) 행복감이 높다는 결과를 제시했다. 부모 모두에게 불만족하는 경우(33%)와 극명한 차이를 보였다.[13]

부모에게 만족하기 위해서는 부모의 모습이 긍정적이고 행복해야 가능하다. 자녀가 부모로부터 얻는 가장 큰 부분이 안정감이고 부부 갈등은 안정감을 위협하는 요소로 작용하게 된다. 결국 부모 만족도에 부정적인 영향을 미친다. 부모의 부부 갈등과 유아의 발달 간의 관계를 다룬 한 연구에서는 엄마가 부부 갈등으로 행복하지 않을 경우보다, 아빠가 행복하지 않으면 자녀가 의사소통과 문제 해결 능력에서 부정적인 영향을 받는다고 말한다.[14]

잘 생각해 보자. 엄마가 행복하지 않은데 아빠만 행복할 수 있을까? 그렇지 않다. 부부의 행복은 쌍방이지 일방이 아니다. 그러므로 아빠가 행복하려면 엄마도 행복해야 한다. 자녀가 어릴수록 부모가 보여주는 감정, 행동, 언어는 자녀의 심리 발달에 큰 영향을 미친다. 행복이란 마음에서 느끼는 내적인 상태이기에, 자녀는 부모의 행복을 직접적으로 관찰할 수 없다.

하지만 부모의 얼굴 표정, 목소리 톤, 행동과 언어 사용 등으로 자녀는 부모의 마음 상태를 추론하여 이해한다. 그리고 끊임없이 자신의 마음과 연결점을 찾으려 애쓴다. 비록 부모도 인간이기에 자녀 앞에서 완벽함을 유지할 수는 없을지라도, 자녀 앞에서 성숙한 갈등 해결을 보여주는 노력은 필요할 것이다.

멘탈 관리는
양육의 우선순위

현대 사회에서 정신 건강은 많은 사람의 관심 주제가 되었다. 특히 가정 안에서 정신 건강에 적신호가 켜지면 전체 구성원에 영향을 미친다는 점에서 관리가 필요하다. 지나치게 정신 건강을 염려하여 불안해하는 것도 좋지 않지만, 정신 건강에 둔감하여 소위 병을 키우는 것도 좋지 않다.

기분이 우울하거나 불안이 지속된다면 전문가의 도움을 받자. 더욱이 부모의 정신 건강에 문제가 있다면 자녀 양육에 미치는 영향이 크다. 부모에게 우울증이 있는 경우 자녀를 따뜻하게 돌보거나 양질의 양육을 제공하기가 어렵다. 특히 엄마가 우울증에 시달릴 경우 그 영향은 더욱 크다.

부모의 우울증은 자녀의 정신적인 건강은 물론 육체적 건강에도 부정적인 영향을 주어 다양한 질병에 취약하게 만드는 것으로 알려져 있다.[15] 아울러 학교에서의 문제 행동과 정신 질환의 조기 발병, 스트레스에 대한 면역력 저하 등이 부모의 우울증과 관련되어 있다.[16]

우울증 자체가 마치 감염을 일으키는 것처럼 자녀에게 전파되는 것은 아니다. 우울증을 겪으면서 나타나는 부모의 감정, 언어, 표정, 행동 등을 자녀가 보고 느끼게 되고, 자녀 역시 정신적으로 영향을 받아 우울하고 불안한 마음을 형성하게 된다.

그러므로 부모가 자신의 정신 건강을 관리하는 것은 자신뿐만 아니라 자녀를 위해서 꼭 필요하다. 이를 위해 일상에서 염두에 두어야 할 몇 가지 사항을 소개하면 다음과 같다.

첫째, 육체적 질병과 마찬가지로 정신 건강 역시 초기 대응이 매우 중요하다. 자신의 기분을 조절하는 것이 어려워 부정적인 감정이 오래 지속되거나, 과거에 원치 않는 트라우마를 경험하여 현재까지 영향이 미치고 있거나, 가족이나 직장에서 인간관계의 어려움으로 스트레스가 심하다면 방치하지 말고 조기에 관리하는 것이 좋다. 시간이 흐르면 괜찮아질 거라는 생각은 잘못된 접근이다.

둘째, 육체적 건강은 정신에 좋은 영향을 미친다. 인간의 육체와 정신은 상호 간에 영향을 미치며 우리 몸을 최적화한다. 정신에서 일어나는 모든 일은 육체와 결코 무관하지 않다. 꾸준한 운동이 정신 건강에 유익한 이유다. 운동은 우울증, 수면 장애, 자살 충동을 낮추고 치매 예방에 효과적이다.[17]

그러므로 운동은 부모가 일상에서 자신의 정신 건강을 관리할 수 있는 좋은 도구이다. 규칙적인 생활 역시 육체와 정신 모두에 대해 좋은 영향을 미친다. 충분한 수면과 균형 잡힌 식단은 육체 및 정신 건강의 기본이라 할 수 있다. 규칙적인 수면과 식생활만 신경 써도 스트레스에 대항하는 저항력을 높일 수 있다.

마지막으로 세로토닌 활성화를 위한 생활 방식을 선택하는 것이 좋다. 세로토닌은 우리의 뇌에서 행복감을 느낄 수 있도록 돕는 역할을 한다. 우울증을 비롯한 정신 장애 치료를 위해 병원에서는 '세로토닌 재흡수 억제제(SSRI)'를 주로 처방한다. 세로토닌이 뇌에서 재흡수되는 것을 억제하여 좀 더 진한 농도를 만들도록 돕는 원리를 사용한 것이다.

필요할 때는 약물의 도움을 받는 것도 좋지만 일상생활에서 세로토닌을 활성화시키는 생활 방식을 선택하여 평소에 행복한 마음을 유지하는 것이 이상적이다. 아침 시간에 햇빛을 받으며 걷는 운동, 가족이 기분 좋게 먹는 식사, 가족끼리 나누는 칭찬과 격려 등은 세로토닌을 자극하는 좋은 생활 실천의 예이다. 아울러 비타민 B군도 세로토닌 생성과 밀접하게 관련이 있는 것으로 알려져 있다.[18]

3

애착은 부모 사랑의 스타일

"마땅히 받아야 할 사랑에 대하여 대체 대상을 통해 충족하려 하면 결코 만족할 수 없다." 뇌 과학자이자 애착심리 전문가인 코졸리노(Louis Cozolino) 박사의 말이다. 그렇다. 사랑은 배타적인 특성이 강하다. '애착'은 이러한 사랑의 특성에 관한 이야기이다.

자녀가 마땅히 받아야 할 사랑을 부모가 아닌 다른 곳에서 찾아야만 할 때 결코 그곳에서는 만족할 수 없다. 이것은 성인도 마찬가지다. 사랑이 흘러나와야 하는 대상에서 나오지 않아 다른 곳에서 찾으려 애쓰는 것을 우리는 '중독'이라고 부른다. 중독은 결코 만족을 줄 수 없다.

마음이 안정된 아이들과 불안해하는 아이들의 차이는 뭘까? 한 마디로 말하면 '예측력'에 있다. 어떻게 나를 예측하고, 나를 돌보는 부모를 예측하느냐에 달려 있다.

안정감은
예측이 답이다

아동뿐만 아니라 성인도 마찬가지로 알게 모르게 예측을 바탕으로 안정감을 누린다. 버스를 타고 동네 마트에 간다고 가정해 보자. 우리는 마트가 어디에 있는지 잘 안다. 반복적으로 마트를 이용해 왔기에, 몇 번 버스를 타고 몇 정거장을 가서 내리면 길 건너에 마트가 있다는 것을 경험으로 알고 있다.

이처럼 경험이 반복될수록 예측을 더 세밀하게 만든다. 마트에 가는 도중 어디에 무엇이 있는지 더 구체적으로 알 수 있다. 버스 타고 마트에 가면서 불안해하지 않는 것은 마트의 위치를 정확하게 예측하고 있기 때문이다.

아이들이 부모를 예측하는 것도 이와 비슷하다. 부모와의 안정된 관계를 경험하면 경험할수록 자녀는 부모가 자신을 사랑하고 있다는 것과 사랑받을 만한 존재라고 스스로 예측한다. 부모가 자녀를 훈육하더라도, 그것은 지금까지 경험했던 사랑에 근거한 것이라는 점을 예측할 수 있다.

하지만 예측이 어려우면 불안해진다. 프랑스어를 전혀 못하는 사람이 지도 한 장 달랑 들고 여행을 간다고 가정해 보자. 공항에서 숙소까지 가는 길을 알고 있어도 경험하지 못한 길은 불안하기 마련이다. 숙소의 위치를 지도가 보여주지만 아직 경험하지 않은 곳이라서 예측할 수 없기 때문이다. 불안해하는 아이들의 특징이 이와 비슷하다. 지도가 숙소를 보여주듯 분명히 내 부모인데, 부모가 한결같지 않아 예측하기가 어려우면 아이들은 불안해할 수밖에 없다.

부모의 얼굴을 모르는 것도 아니고 부모의 일상이 어떠한지 모르는 것이 아니다. 하지만 부모의 하루가 아무리 규칙적이더라도 부모가 감정에 따라 행동하면, 부모의 반응을 예측하기 어려운 아이들은 어떻게 반응해야 하는지 혼란스러워 불안해지는 것이다. 점점 부모의 감정을 살피게 되어 부모가 밝아 보이면 아이도 기분이 좋지만, 부모의 안색이 어두우면 아이의 감정도 예민해지고 불안해지게 된다.

그러므로 자녀의 안정감은 아이를 대하는 한결같은 부모의 따뜻한 모습에 있다. 일반적으로 부모가 양육에 실패하는 것은 한결같이 자녀를 학대하여 실패하는 경우보다는 감정에 따라 어떤 때는 아낌없는 사랑을 표현하면서 어떤 때는 감정의 상처를 주기에 실패하는 경우가 훨씬 많다.

하지만 감정이라는 것이 우리가 마음먹는다고 조절되는 것이 아니다. 그래서 대부분의 부모가 이를 알면서도 어려워한다. 여기서 '한결같이' 대하라는 것은 감정을 완벽하게 조절해서 좋은 모습만 자녀에게 보여주라는 의미가 아니다. 그것은 처음부터 불가능한 얘기다. 그리고 자녀도 부모가 완벽할 수 없다는 것을 안다.

한결같이 대하라는 것은 오랜 시간 부모와의 관계를 통해 만들어진 부모 사랑에 대한 이미지가 깨지지 않도록 이끌어 가라는 것을 의미한다. 평소에 사랑을 나누는 반복적인 경험을 통해 부모 사랑에 대한 예측력을 강화하는 것이 중요하지만, 설사 특정 상황에서 강한 감정이 폭발하여 자녀에게 상처를 주었더라도 훈육을 넘어 상처를 준 부분을 진심으로 사과하여 자녀의 심리적 이미지가 회복되도록 도우라는 뜻이다.

자녀의 마음속에 있는 부모 사랑의 심리적 이미지를 잘 보존하도록 도와야 하는 중요한 이유는, 그 이미지를 바탕으로 부모를 예측하기도 하지만 자기 자신을 예측하기 때문이다. 자녀의 부모 사랑 이미지가 부정적이면, 부모만 부정적으로 예측하는 것에 그치지 않고 자기 자신도 부정적으로 예측하기에 이른다.

사랑받지 못한다고 느낄수록 타인에게 쓸모없는 존재로 자기인식을 할 확률이 높다. 타인에게 인정받기를 원하고 타인 중심의 의존적인 모습을 보이기 쉽다. 그러므로 자녀에게 사과한다는 것을 창피하다고 생각하기보다, 자녀와의 흐트러진 관계를 보수할 뿐만 아니라 자녀의 안정감을 지켜주는 적절한 행동이라고 생각해야 한다.

한편 자녀와의 좋은 관계를 한결같이 유지하는 것은 자녀가 자기 자신을 긍정적으로 예측하도록 돕는다. 부모의 사랑을 느끼며 자라는 아이는 사랑과 안정감의 이미지로 부모를 마음에 그리는 동시에 자기 자신도 사랑받을 만한 존재라고 여길 수 있는 통로를 만든다. 그래서 비록 실수를 하더라도 자기 자신을 사랑으로 감쌀 여유를 만들게 된다. 이것은 자녀의 자아존중감이나 자신감과도 직결되어 삶을 긍정적으로 예측하도록 돕는다.

애착은
본능인가요?

　인간의 욕구에 대해 심리학자 매슬로우(Abraham Maslow)는 5가지 단계로 설명했다. 인간은 욕구가 충족되지 않으면 그것을 채우기 위해 잠재적이든 의식적이든 동기를 가진다. 그가 말한 다섯 가지 욕구의 단계는 아래 그림과 같다.

　신생아는 출생과 함께 생리적 욕구를 채우기 위해 엄마와 가까이 하려 한다. 욕구를 만족시키기 위한 잠재적인 동기이다. 아기에게 필

5가지 욕구의 단계

요한 모유, 접촉, 청결, 의복 등을 통해 아기는 자신이 필요로 하는 욕구를 채운다. 생리적 욕구가 충족되면 안정감을 얻고 자연스럽게 엄마의 보호 아래 안전의 욕구를 채울 수 있다.

하지만 생리적 욕구가 채워지지 않으면 안전의 욕구 충족에 문제가 생긴다. 자신을 돌보는 대상이 생리적 욕구를 충족시켜 줄 수 없다는 것은 안전을 보장받을 수 없다는 것이기에 돌보는 대상을 신뢰하기 어렵다.

그러므로 아기에게 생리적 욕구가 채워진다는 것은 안전의 욕구와 연결된다는 의미이다. 그렇다면 아기가 욕구를 충족하기 위해 잠재적 동기로 사용하는 행동은 무엇일까? 아기가 욕구를 충족하기 위해 할 수 있는 선택은 자기를 돌볼 수 있는 대상에게 '붙어 있는' 것이다. 이것을 '애착'이라고 한다.

인간은 동물과 다르게 출생 시 '크게' 운다. 그리고 자신의 욕구가 채워지지 않을 때마다 울어댄다. 동물의 세계는 태어나서 크게 우는 행위는 매우 위험한 일이다. 포식자에게 자신의 위치를 알리는 것과 다름없다. 그런데 왜 인간은 다른 포유동물과 다르게 크게 울까?

모든 동물이 똑같지는 않지만 동물의 경우 태어나서 스스로 어미에게 찾아갈 수 있는 능력을 가지고 태어나기에 큰소리로 울어댈 필요가 없다. 강아지나 고양이 새끼가 작은 소리로 울고, 아직 어리더라도 직접 기어가서 어미젖을 찾아 먹으며 필요를 채우는 모습을 흔히 볼 수 있다. 하지만 인간의 사정은 다르다. 큰소리로 울어서 엄마를 불러야 돌봄을 받을 수 있다. 스스로 엄마에게 갈 수 없기에 가능한 큰소리로 울어야 욕구를 채울 수 있는 것이다.

이렇듯 사람이든 동물이든 자신을 돌볼 수 있는 대상에게 본능적으로 가까이 가려는 현상을 '애착'이라고 부른다. 자신이 직접 안전을 보장해 줄 대상을 찾아가든, 큰소리를 내며 그 대상을 불러오든 자신과 가까이 하도록 만드는 현상이 바로 애착이다.

애착은 두 가지 목적을 가진다. 생존과 안전이다. 애착을 통해 아기는 생리적 욕구를 해결함과 동시에 안전의 욕구를 만족시킬 수 있다. 아기가 보이는 애착 행동은 우는 것만 해당하는 것이 아니다. 엄마를 보면서 미소 짓고, 팔다리를 버둥거리거나 낯가림을 보이는 것 등 다양하다.

아기의 미소는 엄마가 더 안아 주고 싶은 마음이 들게 하고, 아기가 더 예쁘게 보여 더 오랜 시간 아기 가까이 머물도록 만드는 힘이 있다. 아기의 작은 몸짓은 모성애를 불러일으키기에 충분하다. 낯가림을 통해 엄마를 독차지하기도 한다. 이렇듯 아기는 애착 행동을 통해 엄마와 더 오랫동안 관계하여 친밀감을 쌓고 안정감을 확보한다. 이것을 '초기 애착 관계'라고 부른다.

애착 행동은 아기에게만 해당하는 것이 아니다. 인간은 성장하면서 끊임없이 애착을 추구하며 살아간다. 아이들이 자라면서 보이는 애착 행동은 처음과 다르지만 다양하게 나타난다. 친구와의 관계에서 소속감을 원하는 사회적 욕구를 채우는 것도 애착 행동이다.

부모에게서 안정감을 얻지 못하면 부모가 아닌 타인에게 애착 행동을 보이며 안정감을 찾으려 하기도 한다. 인간관계에서 사람들은

애착 행동은 아기에게만
해당하는 것이 아니다. 인간은
성장하면서 끊임없이 애착을 추구하며
살아간다. 아이들이 자라면서 보이는
애착 행동은 처음과 다르지만
다양하게 나타난다.

좋아하는 사람과는 함께 지내려 하지만, 싫어하는 사람과는 거리를 두려 한다. 애착은 우리 자신도 모르게 어떤 사람과 함께하고 멀리해야 하는지 결정하게 한다.

좋아하는 사람은 쉽게 친밀감이 형성될 뿐만 아니라 나의 생존과 안전에도 유익하다. 하지만 싫어하는 사람은 만나고 싶지도 않고, 때로는 나의 생존과 안전에 위협이 되기도 한다. 그러므로 애착은 전 연령대에서 나타나는 관계적 본능이며, 포유동물이 집단성으로 안전을 확보하는 것과 관련한다. 결코 유아들만의 특징이 아니다.

성인이라 할지라도 애착을 추구하는 마음은 변함이 없다. 사람들이 마음이 맞는 집단에서 소속감을 얻는 것도, 안정감과 생존에 필요한 것을 얻기 위해 돈을 추구하는 것도 애착의 원리에 따른 것이다.

심리학의
애착 유형 네 가지

심리학의 애착 이론은 자녀는 부모와의 초기 관계가 어떤가에 따라 서로 다른 네 가지 유형으로 발달한다고 말한다. 애착 유형은 크게 안정형과 불안정형으로 나뉘며, 불안정형은 다시 회피형, 불안형, 그리고 혼란형으로 나뉜다.

출생 이후 자녀는 주 양육자(주로 엄마)에게 절대적으로 의존하며 성장하는데, 애착 이론의 창시자 존 보울비(John Bowlby)는 출생 후 약

3년까지를 아기가 주 양육자를 의존하며 유형을 형성하는데 결정적인 시간이라고 제시했다.

이 시기는 아기가 언어를 사용한 의사소통보다 감정(울음, 미소 등)과 행동을 사용하며 자신의 의사를 표현하기에, 엄마가 아기의 필요를 채워 주는 게 쉽지 않다. 이때 어떻게 모자 관계를 맺느냐에 따라 아기 뇌는 이후 발달 과정에 필요한 모습으로 자리 잡는다. 그러므로 보울비가 제시한 기간은 인생에서 가장 중요한 시간이라고 할 수 있다.

현대 뇌과학에 따르면, 인간의 뇌는 다른 장기와는 다르게 매우 이른 시기에 빠르게 성장하여 환경에 대처하는 능력을 기른다. 아기가 처음 접하는 환경은 스스로 생존하기에 불가능하며 엄마라는 안전기지에 전적으로 의존해야 가능하다. 따라서 아기는 신생아기부터 유아기에 이르기까지 안전기지가 믿을 만한지, 생존하는데 필요한 환경을 제공하는지에 민감하다. 그리고 안전기지를 어떻게 느끼는가에 따라 행동과 감정을 다르게 표현한다.

애착 유형은 유아가 느끼는 안전기지에 대한 서로 다른 반응을 구분하여 나눈 것이다. 애착 연구는 인생 초기에 이렇게 형성된 유형이 성인기에 이르기까지 안정형과 불안정 유형으로 동일하게 유지될 확률이 약 72%라고 말한다.[19] 대부분의 사람이 어린 시절 애착 유형을 형성하여 그대로 유지하는 셈이다.

어린 시절에 두뇌는 급격히 발달한다. 생후 24개월이면 성인 뇌의 약 80% 이상 성장한다. 이렇게 급격한 뇌 발달이 이루어지는 시기가 바로 애착 형성 기간이다. 그리고 성인이 되기까지 장기간에 걸쳐 처

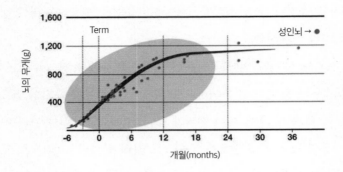

두뇌 발달 곡선

음 형성한 유형을 유지하고 강화하는 것이다.

그러나 비록 초기에 형성된 애착 유형이 이후에도 유지될 확률이 높다고 하더라도, 불안정 유형은 얼마든지 안정 유형으로 바뀔 수 있다. 현재 자녀가 불안정 유형이라 하더라도, 안정된 관계 경험이 새롭게 유지되면 언제든지 안정 유형으로 바뀔 가능성이 있다는 뜻이다.

이같이 처음에 형성된 불안정 유형에서 이후에 안정 유형으로 전환된 경우를 심리학에서는 '획득 안정 애착'이라고 부른다. 획득 안정 애착을 이루기 위해서는 자녀가 새로운 관계를 경험해야 하는데, 반드시 부모와의 '신뢰 관계'를 통해 '안정감'을 경험하는 관계여야 한다.

그리고 우리의 두뇌가 초기에 연결망을 이루기까지 시간이 필요하듯 새로운 관계를 통해 신경 연결망이 다시 자리를 잡기까지 시간이 필요하므로, 자녀가 꾸준하게 안정된 관계를 경험하도록 도와야 한다.

그렇다면 네 가지 유형에서 자녀들이 가지는 각각의 특징들은 서로 어떻게 다른지 다음에서 살펴보자.

가장 편안한 마음: 안정 애착 유형

첫 번째 유형은 안정형이다. 안정 애착 유형은 부모와 친밀감 있는 상호 관계에서 비롯된다. 일반적으로 안정 유형 자녀는 부모 관계에서 순응하는 특징을 보인다.

이때 순응은 불안정 유형에서 보이는 순응과 다르다. 불안정 유형은 부모가 무섭거나 두려워서 혼날까 봐 순응하지만, 안정형의 순응은 엄마가 좋고 아빠가 좋아서 따르는 순응이다. 정서적으로 안정되어 쉽게 짜증을 내거나 절망하기보다 긍정적이고 인내심 있는 모습을 보인다. 무엇보다 자아존중감이나 자기 관리 능력이 높아 긍정적인 자아상을 가지고 있다.

아직 말을 하지 못할 만큼 어린 영아의 경우 안정형 아이는 엄마가 사라지면 불안해하고 울지만, 다시 돌아오면 쉽게 진정이 되고 다시 놀이에 집중하는 모습을 관찰할 수 있다. 분리 불안 시기에도 엄마를 때리거나 저항하는 모습은 발견되지 않는다. 엄마가 자기를 두고 떠나지 않을 거라고 믿기 때문에 일정 범위에서 엄마로부터 떠나 놀기도 하다가, 무슨 일이 있으면 언제든지 엄마에게 돌아오는 편안함과

자유로움을 관찰할 수 있다.[20]

　유아기나 아동기의 경우 안정형 아이는 다른 유형의 아이보다 친구 관계를 오랫동안 유지하는 특징을 보인다. 혼자 있더라도 소외감을 느끼는 경우는 드물다. 안정형 아이는 또래 아이가 못살게 굴더라도 당하지 않고 용기 있게 맞서는 특징이 있다. 또한 놀이터에서는 활기차게 노는 반면에, 수업 시간에는 집중하고 경청하는 편이어서 다른 유형의 아이보다 학업성취도가 높다.[21]

　청소년의 경우 안정 유형은 다른 유형의 청소년보다 훨씬 성숙한 인간관계 모습을 보인다. 친구와 갈등이 일어나더라도 안정형 청소년은 서로를 더 깊이 이해하는 기회로 삼아 더 친밀한 관계로 반전시키는 모습을 종종 확인할 수 있다. 아울러 친구들에게 인기가 높아 집단에서 리더로 자주 선출되는 유형이기도 하다. 적극적으로 그룹 활동에 임할 뿐만 아니라, 다른 유형의 아이보다 중심적 역할을 하면서 집단을 이끌어 가는 모습이 강하다는 것도 주된 특징이다.[22]

　부모라면 모두 안정형으로 자녀를 양육하기를 소망할 것이다. 애착 유형을 모르더라도 어떻게 하면 위에 열거한 특징을 가진 자녀로 양육할까 고민할 것이다. 그리고 자녀를 잘 키운 부모는 어떤 특징을 가졌는지 궁금해하기도 할 것이다. 지금까지 진행되었던 애착 연구를 보면 안정 애착의 자녀를 둔 부모는 다음 세 가지 기능을 자녀에게 제공한다고 보고한다.

　• 안정감과 자녀의 안전을 보장한다.
　• 자녀의 부정적인 감정을 공감하고 기쁨을 함께 나누어 자녀가

스스로 감정을 조절하고 표현하도록 돕는다.

- 부모가 자신을 두고 떠나지 않을 것이라고 신뢰하도록 자녀를 도와, 자녀가 자신의 환경을 두려워하기보다 탐험하도록 안전 기지 역할을 제공한다.

그러나 부모가 분명히 염두에 두어야 할 점은 안정 애착은 위의 조건들을 충족시키는 양육 테크닉으로 만들어지는 것이 아니라는 사실이다. 위 세 가지 기능을 기계적으로 실천한다고 해서 안정 애착을 보장한다는 증거는 없다.

애착은 사랑에 대한 이야기이다. 자녀를 향한 부모의 사랑이 자연스럽게 세 가지 기능을 하도록 만들고, 자녀는 그 영향으로 안정 애착 유형을 자연스럽게 형성하는 것이지, 세 가지 기능 자체가 안정 애착을 예측하지는 못한다. 그러므로 자녀에 대한 진정한 사랑이 있어야 하며, 그 사랑으로 위 세 가지 기능이 자연스럽게 흘러나오게 해야 한다.

피하고 싶은 마음:
불안정 회피 유형

회피 애착 유형은 부모와 자녀 간의 관계 접촉이 가장 빈약한 유형이다. 초기 관계에서 부모와의 상호 작용을 이루기보다 자녀 혼자 놀거나 자기 세계에 갇혀 있는 경우가 많다.

회피형의 부모는 자녀가 불안이나 불편한 감정을 해소하기 위해 다가올 때 아이의 불안이나 두려움을 달래 주기보다 바쁘다는 이유, 별것 아니라는 이유로 회피하는 성향이 강하다. 예를 들어, 아이가 넘어져 다쳤을 때 회피형 양육자는 "괜찮아!", "울지 마!", "이제 그만 뚝!"과 같은 말을 하며, 자녀의 아픔을 대수롭지 않게 여긴다. 이러한 태도는 우리가 흔히 볼 수 있는 대표적인 회피형 반응이다.

이렇게 반응하면 아이는 자신의 감정이 잘못된 반응이고 엄마를 귀찮게 하는 반응이라고 학습하기 시작한다. 엄마가 자녀의 아픔을 함께 느끼지 못하다 보니 감정을 어떻게 조절해야 할지 배울 기회가 없다. 결국 아이 혼자 감정을 처리하는 방법으로 감정을 배제하거나 억압하게 된다.

자녀가 불안하거나 두려울 때뿐만 아니라 재미와 즐거움을 서로 나누고자 부모에게 다가가도 마찬가지다. 회피형 아동은 부모도 회피형인 경우가 많아서 혼자 있는 것을 좋아하고 감정을 공감하거나 대인관계를 어려워한다.

따라서 안정형과 달리 회피형의 아이들은 부모와 깊은 관계를 맺거나 친밀감을 쌓기보다는 자기 세계를 만들어 자신을 신뢰하며 만족하는 경향이 강하다. 회피형의 자녀는 부모와 떨어져 혼자서도 잘 지내기에 다른 아이들이라면 울어야 할 상황이지만 울지 않는다. 하지만 건강한 독립이 아니다.

어린 영아의 경우 회피형은 엄마가 자기 곁을 떠나 밖으로 나가든 들어오든 별 상관을 하지 않는다. 엄마와 떨어져 혼자 있더라도 불안해하거나 우는 경우가 별로 없다. 순한 아이, 잘 키운 아이, 엄마들에게 부러운 아이로 생각되기 쉽다. 하지만 엄마에게 다가가 봤자 소용이 없다는 것을 경험한 아이의 속마음은 외로움과 불안함이 내재되어 있는 상태다. 어쩌다가 아이가 노는 현장에 엄마가 다가가면, 아이는 엄마를 외면하거나 눈길을 돌리는 행동으로 엄마에 대해 스스로 차단한다.[23)]

또한 유아기와 아동기의 회피형 아이는 공격성을 보이는 특징이 다른 유형에 비해 강하다. 특히 불안형 아이가 회피형 아이의 공격에 피해를 당하는 경우가 많으며, 다른 또래의 고통을 즐거워하는 모습도 관찰할 수 있다. 반면에 안정형 아이는 회피형의 공격성에 피해를 당하지도 않고, 다른 친구들을 괴롭히지도 않는다.[24)]

회피형 아이들은 자신과 친한 친구가 함께 있으면 그룹에서 적극적이며 활동적이지만, 친구가 없으면 조용해지며 제대로 활동하지 못하고 기가 죽는 특징이 있다. 특히 새롭게 친구를 사귀기가 어렵고 친구 관계로 발전되는 경우가 드물다고 보고된다. 그렇기에 집단에서 친구들과 어울리지 못하고 혼자 노는 모습을 발견하기 쉽다.[25)]

회피형 청소년 역시 친구 사귀기를 힘들어한다. 타인에게 다가가는 것이 힘들고 감정을 나누는 것도 어렵다. 자기 세계에 갇혀 있는 것처럼 보이기도 하고, 이기적으로 보이기도 하며, 독립적인 듯하다. 어린 시절 양육자와 충분한 관계를 이루지 못해 대인관계에서 어떻게 반응해야 하는지 체득하지 못한 결과이다.

그들의 속마음은 타인이 대화를 청하면 어떻게 반응해야 할지, 무엇을 말해야 할지 몰라 그 자리를 떠나 혼자 있고 싶어 한다. 그래서 회피형의 경우 말이 없거나 단답식으로 짧게 대화하는 경향이 강하다. 대화 내용은 논리적인 것처럼 들리지만 자기가 관심을 두는 주제가 아니면 쉽게 응집력이 떨어져서 추상적인 대화가 되기 쉬우며, 자신이 관심을 가지는 대화 주제가 아닐 경우 대화 자체를 귀찮아하거나 관계를 회피하기도 한다.

만약 자녀가 회피형이면 부모 역시 회피형인지 살펴보는 것이 좋다. 회피형의 부모는 자녀뿐만 아니라 배우자에게도 상호 관계에서 반응이 별로 없다. 말을 해도 듣지를 않는다. 그래서 배우자는 종종 무시당하는 기분이고, 벽에다 이야기하는 느낌을 받는다.

하지만 회피형 사람은 상대를 무시하려고 반응하지 않는 것이 아니라 누구든지(배우자를 포함하여) 감정이 밀착되는 상태가 익숙하지 않아 상대방을 밀어내기에 그렇다.

회피형 사람은 배우자와 자녀를 통제하려는 성향도 강하다. 자신이 원하는 대로 가족 구성원이 움직이기를 바라는 태도가 강하여 자신이 원하는 것만 듣거나 높은 기준으로 자신을 따르도록 훈육한다. 상호 대화에서는 말이 없지만, 잔소리는 심한 특징이 있다.

심지어 갑자기 자녀가 아프거나 도움을 요청하는 경우, 스스로 자신을 챙기지 못한다고 여겨 자녀에게 탓을 돌리고 공감하거나 돌봄 또는 위로를 제공하지 못한다. 그리고 인간관계보다는 일이 더 중요하여 자녀의 졸업식이나 중요 행사가 자신의 일정과 겹치면 마음으로는 갈등하지만, 자신의 일정을 선택하며 다 이해할 것이라고 생각한다.

불안하고 긴장된 마음:
불안정 불안 유형

불안 애착 유형 형성은 자녀가 부모의 사랑을 받을 때와 그렇지 못할 때의 차이가 클수록 쉽게 형성된다. 특히 양육이 일관적이지 않고 이랬다저랬다 해서 부모의 사랑을 확신하지 못하는 자녀의 경우가 이에 해당한다.

상담실을 찾은 여성이 어린 시절 겪었던 엄마에 대한 서운한 감정을 이야기하였다. 엄마를 돕기 위해 집안 청소를 했다. 엄마는 잠시 외출한 상태였고, 유치원에 다닐 만큼 어린 나이였으니 어른처럼 청소하기는 힘들었을 것이다. 하지만 딸의 행동에 감동한 엄마는 안아 주면서 최고라고 추켜세워 주었다. 엄마가 안아 주고 칭찬해 준 경험이 너무 좋았던 딸은 얼마 후 엄마가 외출하자 또 청소를 했다고 한다. 그런데 이번에는 엄마의 반응이 달랐다. "이렇게 하려면 안 해도 괜찮아. 네가 이렇게 하면 엄마가 다시 해야 되잖아!" 엄마가 보여준 이전의 반응을 기대했던 딸은 실망이 컸다.

이처럼 똑같은 행동인데 상황에 따라 부모의 반응이 다르면, 자녀는 부모를 예측하기가 어려워진다. 그리고 왜 엄마가 다르게 반응하는지 뚜렷한 원인을 찾지 못하면 엄마가 앞으로 나의 행동에 사랑으로 반응할지 아니면 거절할지 혼란스럽다.

마찬가지로 부모의 규칙이 상황에 따라 허용되거나 금지되거나, 사랑 표현이나 모성애/부성애를 분명하게 표현하다가도 쉽게 짜증을 내거나 분노를 터트리는 양육 환경에서는 자녀가 부모를 예측하기가 쉽지 않다. 또한 부모의 사랑과 거절을 반복적으로 경험하는 환경이기에 부모가 좋으면서도 싫은 양가적인 감정과 태도가 발달하게 된다.

보통 불안형의 자녀는 엄마에게서 떨어지지 않으려 한다. 소위 '껌딱지'라고 불리기도 하는데, 분리 불안이 심하여 엄마와 떨어지는 상황이 오면 기겁하며 울면서 매달린다. 엄마가 밖으로 나갔다가 돌아오면 심하게 울며 진정시키려고 안아 주어도 오랫동안 울음을 지속한다. 심지어 엄마에게 안기면서도 엄마를 때리며 불안과 서운함을 표현하기도 한다. 엄마에게 안기고 싶은 마음과 엄마가 싫어 떨어지고 싶은 양가감정이 공존하는 것이다. 불안형의 아이들은 다른 유형보다 쉽게 화를 내거나 삐지는 현상을 보이며 평소 행복한 표정을 발견하기 어렵다.[26]

유아기와 아동기의 불안형 아이들은 크게 두 가지 부류로 나눌 수 있다. 첫째 그룹은 집중력이 떨어지는 모습을 보이면서 충동적이고 쉽게 짜증을 내는 아이들이며, 둘째 그룹은 두려움이나 예민한 감정이 강해서 사람들에게 달라붙는 모습을 보이고 주어진 일을 끝까지 해내지 못하고 쉽게 포기하는 아이들이다. 그래서 불안형 아이들은 다른 유형보다 교사 옆에 앉거나 무릎 위에 앉기를 좋아하며, 수행 과제를 시작할 때 스스로 시도하려고 하기보다 나는 할 줄 모른다면서 처음부터 해 달라고 요청하는 경우가 많다.[27]

아동기의 경우 안정형 아이는 어떤 환경이든 적응이 빠르고 유연하게 대처하는 반면, 불안형 아이는 환경이 바뀌면 긴장하여 유연하게 행동하는 것이 어렵다. 어린 시절 안정감이 부족하여 엄마에게 밀착되어 자유롭게 환경을 탐색하는 기회를 포기하기 때문에 새로운 환경에 대한 긴장이 강하다.

하지만 타인에 대한 의존성이 강하여 새로운 친구를 사귀는 것은 어렵지 않다. 다만 정서 조절 능력이 부족하여 또래와 갈등이 일어나면 부정적인 감정이 오래 지속되고, 더 나아가 소외되는 경우를 경험하기도 한다.[28)]

청소년기 인간관계는 친구 비중이 커지고 친구의 평가에 따라 자기를 이해하는 경향이 강하다. 불안형의 경우 다른 유형보다 타인이 나를 어떻게 보는가를 중요하게 여긴다. 자기에 대한 감정이나 인식이 부정적이어서 선택이나 결정에 자신감이 없고, 실수하면 '내가 하는 일이 그렇지'라며 자책하는 반응을 보인다. 대화에서 쉽게 감정에 영향을 받아 타인을 공감하기도 하지만, 자신이 겪고 있는 어려움이나 지난날의 서운함, 억울함 등을 타인으로부터 공감받으려고 호소하는 경향이 강하다.

특히 부모도 불안형일 경우 자녀를 향한 집착이 강하며, 자녀로 인해 조금이라도 서운해지면 감정에 매몰되어 자녀와 다투기 쉽고 갈등 관계도 오래 지속된다. 불안형 부모는 배우자와 관계가 좋지 않을 경우 자녀에 대한 정서적 의존도가 높다. 부부 관계에서 갈등이 일어나면 자녀에게서 위로를 얻으려 하며, 자녀의 정서적 상태를 살피기보다는 불안정한 마음을 자녀에게 이해받으려는 모습이 강하다.

상처받은 마음:
불안정 혼란 유형

혼란 유형의 아이는 회피 유형과 불안 유형의 특징이 공존하는 모습을 보인다. 주로 양육 환경이 열악하거나 트라우마를 경험할 때 형성되는 애착 유형이다. 안정형 아이는 부모의 돌봄을 통해 안정감을 느끼지만, 혼란형 아이는 부모의 학대 등으로 두려움을 느껴 부모가 공포의 대상이 된다.

물론 부모의 양육이 매 순간 아동 학대로 이어지는 것은 아닐지라도, 자녀가 두려움을 느끼는 학대적 양육을 반복할수록 자녀는 혼란 유형으로 발달할 가능성이 높다.

아동 학대와 열악한 환경뿐만 아니라 엄마(주 양육자)를 필요로 하는 어린 시기에 엄마와 장기간 떨어져 지내는 '분리' 경험도 혼란형의 가능성을 높이는 요인이다. 자녀가 분리 불안을 보이는 어린 시절은 엄마의 존재 자체가 아이에게는 절대적 안전을 보장한다는 의미를 담고 있다.

엄마가 눈앞에서 사라진다는 것은 아이에게 두려운 경험이 아닐 수 없다. 회피형 아이의 경우 엄마가 사라져도 어느 정도 혼자 잘 지낼 수 있지만 다른 유형의 경우 그렇지 않다. 엄마가 사라지면 엄마를 찾으며 우는 것이 전형적이다.

애착 유형을 구분하는 것은 자녀가 엄마와 떨어져 지내는 상황에서 어떻게 반응하느냐를 보는 것이다. 엄마와 분리된 상황에서 다른 자녀들은 엄마의 부재가 곧 안정감의 상실로 이어지는데, 자녀가 울지도 않고 혼자 잘 지낸다는 것은 그만큼 자녀 마음에 엄마가 안전성을 보장하는 존재가 아니라는 의미가 담겨 있다.

당연히 엄마를 찾아야 하는 상황인데도 그렇지 않다면, 자신의 마음을 맡기지 못하여 엄마와 '분리'되었다는 것을 암시한다. 그래서 회피형 아이들은 불안한 상황에서 안정감을 얻기 위해 기댈 대상을 엄마라고 생각하지 않는다. 장난감 같은 다른 대체 대상에 마음을 집중하여 불안감을 달랜다. 그러므로 회피형 아이가 혼자 잘 지낸다는 것은 마음이 편하다는 의미가 아니다. 엄마와 함께 처리해야 할 불안이나 두려움을 혼자 처리해야 하는 상태를 말한다.

반대로 불안 유형 아이처럼 엄마와 분리되는 상황을 지나치게 불안해하거나 두려워하여 매달려 떨어지지 않으려고 한다는 것은 엄마가 자녀에게 충분하게 안정감을 제공하지 못한다는 의미이다.

불안한 상황에서 어떤 때는 자녀를 민감하게 돌보지만 어떤 때는 도리어 화를 내어 자녀가 엄마로부터 쉽게 마음을 진정하지 못하고 안정감을 얻지 못해 보채는 것이다. 자녀가 과도하게 매달린다는 것은 엄마에게 안정감을 얻기 위해 그만한 에너지를 써야만 느낀다는 것이다.

유아기 혼란형 아이는 엄마와 떨어진 상황에서 마구 울지만, 엄마가 돌아와 눈앞에 나타나면 다른 유형과 다른 독특한 모습을 보인다. 불안한 마음을 진정시키려고 엄마에게 안기려는 제스처를 취하지만, 결국 가까이 다가가지 못하고 멈추거나 뒷걸음질치고 전혀 다른 곳을

혼란형 아이의 부모는
다른 유형의 부모보다
우울증이나 불안 장애, 알코올 중독,
성격 장애 같은 정신 건강 문제를
가지고 있는 경우가 많다.

응시하여 엄마를 피하고 싶은 마음을 표현한다.[29)]

엄마가 안아 주면 긴장하여 겁먹은 모습을 보이기도 하고, 안정감을 얻기 위해 엄마보다 다른 사람을 따라가기도 한다. 주 양육자인 엄마가 공포의 대상으로 느껴져 다가가기가 어렵기 때문이다.

유아기와 아동기에 속한 혼란 유형 아이는 다른 유형에 비해 기가 죽어 있는 모습이 강하다. 언뜻 보면 엄마에게 순응하는 착한 아이처럼 보이지만, 엄마가 좋아서 하는 순응이 아니고 무서워서 공포에 반응하는 순응이다 보니 긴장과 함께 기가 죽어 때로는 무기력하다.

혼란형 아이는 사람들과 거리를 두는 방식으로 자신을 보호한다. 거리를 둔다고 해서 엄마가 싫은 것이 아니다. 엄마와 친밀해지고 싶은 마음이 있지만, 혼란형 아이에게 엄마와의 친밀한 관계는 공포와 연계되어 있어 거리를 두는 것이다.

거리를 두는 인간관계 방식은 이후 청소년기를 거쳐 성인기에도 두드러지게 나타난다. 친구들과 친하게 지내고 싶은 마음이 있지만 쉽사리 다가가지 못한다. 마음을 주어 친해졌다가 상처받아서 힘들어질까 두려워 선뜻 다가가지 못하는 것이다.

그렇다고 학교생활이나 직장생활 자체를 못하는 것은 아니다. 다만 집단에서 인간관계를 맺는 것이 혼란 유형의 사람들에게는 늘 어려운 일이어서 타인이 나에게 다가오면 나도 모르게 방어 태세를 갖추고 타인과 거리를 두는 것을 편안해 하는 것이 일반적인 현상이다.

혼란형 아이의 부모는 다른 유형의 부모보다 우울증이나 불안 장애, 알코올 중독, 성격 장애 같은 정신 건강 문제를 가지고 있는 경우가 많다. 부모 자신이 정신적으로 힘들다 보니 자녀를 돌보는데 소홀하기 쉽고, 올바른 부모 역할을 제공하기가 어렵다. 특히 이러한 장애에서 주로 나타나는 정서적인 불안정은 아동 폭력과 깊이 관계하기에 자녀가 혼란 유형을 형성하는 데 강한 영향을 미친다.

자녀 이해,
나의 애착 유형을 이해하자

애착 유형은 자녀에게만 해당하는 것이 아니다. 부모 역시 자녀와 똑같이 네 가지 유형 중 한 가지에 속한다. 정확하게 말하면 누구든 어느 한 가지 유형에만 속하는 것이 아니며, 네 가지 유형의 특징을 어느 정도 다 가지고 있지만, 개인에 따라 특정 유형에 속한 특징이 두드러지게 나타나는 것이다.

부모에게 애착 유형이 중요한 이유는 자신의 유형 특징이 양육 현장에 그대로 드러나서 자녀에게 전달되는 영향력이 강하기 때문이다. 한 애착 연구에 따르면 주 양육자(엄마)의 특정 유형이 자녀에게 그대로 전가되는 확률이 무려 81%였으며, 할머니를 포함한 3대의 유형이 동일 유형으로 전가되는 확률도 75%에 이르렀다. [30]

그러므로 부모 자신의 애착 유형을 이해한다는 것은 곧 자녀를 이해할 수 있는 좋은 수단이 된다. 설사 부모 유형이 불안정 유형에 속한다 하더라도 자신의 유형을 확인하는 것은 자녀와의 관계를 개선하는데 좋은 시작이 될 수 있다. 다시 강조하지만 100% 특정 유형에만 속하는 사람은 아무도 없다. 일정 부분 나에게 있는 안정 유형의 특징을 강화하면서 자녀 관계에 적용하는 것이 중요하다.

안정 유형의 특징 중에서 나에게 속한 특징을 살펴보고 불안정 유형의 취약한 부분을 개선하려 한다면 자녀는 얼마든지 안정형의 마음 상태를 형성할 수 있다. 부모에게 발견할 수 있는 유형의 특징은 다음과 같다.

〈안정형〉
- 자신에 대하여 긍정적으로 생각하며 타인에 대해서도 긍정적으로 바라보고 접근한다.
- 사랑받을 만한 가치가 있다고 생각하며 다른 사람들도 나를 사랑해 줄 수 있다고 스스로 생각한다.
- 가까운 사람에게 감정을 털어놓는 것도 어렵지 않고 타인이 감정을 표현해도 괜찮다.
- 도움이 필요할 때 다른 사람에게 도움을 청하는 것도 어렵지 않지만, 타인이 도움을 청해도 기꺼이 돕는다.
- 모르는 사람들과 함께 있는 자리에서도 쉽게 친해질 수 있다.
- 혼자 있어도 전혀 불편하지 않다.
- 갈등이 일어날 경우, 감정에 압도되어 쉽게 화를 내지 않고 감정 조절을 잘 한다.
- 상대방의 감정을 공감하고 생각을 나누는 것이 어렵지 않다.

- 사람들에게 감정을 솔직히 말하는 것이 어렵지 않다.
- 문제를 회피하지 않으며 변명하지 않고 스스로 책임을 진다.
- 타인이 나를 받아들이지 않아도 걱정하지 않으며 나의 있는 모습을 그대로 본다고 해도 괜찮다.
- 과거를 사람들과 나누는 것에 힘들어하지 않으며, 기억이 뚜렷하고 대화가 일관적이어서 주제에서 벗어나지 않는다.

〈불안정 회피형〉
- 일 처리를 잘하고, 타인을 보면 답답하여 일을 맡기기 싫거나 차라리 내가 하는 게 낫다고 생각한다.
- 자신에 대한 시각은 긍정적이지만 타인을 향한 시각은 대체로 까다롭거나 부정적이다.
- 다른 사람이 다가와 감정을 털어놓으면 공감해 주지 못하지만 문제의 해답을 잘 제시한다.
- 속마음을 다른 사람에게 털어놓는 것을 싫어하며 스트레스는 가급적 혼자 해결하려고 한다.
- 배우자나 자녀의 상황을 감정으로 느끼고 공감하기보다 논리적으로 이해하여 해결책을 제시해 주는 것이 더 쉽다.
- 다른 사람에게 의존하거나 타인이 나에게 의존하는 것을 부담스러워한다.
- 대신 독립적인 것을 중요하게 여기고, 내가 만든 결과에서 만족을 느끼는 것을 좋아하고 중요하게 생각한다.

- 혼자 있는 것이 어렵지 않으며 버림받는 것에 대해 걱정하지 않는다.
- 집단에서 과거 경험이나 약점을 잘 나누지 않으며, 배우자가 나와의 갈등이나 집안 사정에 대해 다른 사람과 이야기를 나누는 것을 싫어한다.
- 나의 강점에 대해서는 잘 말할 수 있지만, 약점에 대해서는 말하기 싫다.
- 집중하고 있을 때 나에게 뭔가를 요청하면 가족이라 할지라도 귀찮아서 도움을 미루게 된다.
- 모르는 사람과 있을 때 대화하는 것이 어렵고 혼자 있는 편이다.
- 과거에 일어난 사건을 쉽게 잊어버려 잘 기억하지 못한다. 반면에 앞으로 해야 할 미래의 계획은 치밀하게 기억한다.

〈불안정 불안형〉
- 나에 대해서는 부정적이지만 타인에 대해서는 긍정적인 시각을 가지고 있다.
- 상대방에게 기분을 털어놓는 것을 좋아하는데 상대방은 나만큼 자신을 열어 보이지 않는 것 같다.
- 사람들과 정서적으로 친해지기를 원하고 혼자 있는 것을 싫어한다.
- 상대방이 나에게 정서적으로 지나치게 매달리고 감정적이어서 힘들다고 할 때가 있다.

- 타인과 갈등이 일어나면 내 감정은 순식간에 통제하기가 힘든 상태가 된다.
- 감정이 풍부하지만, 조절이 어려워서 대화 중 과거의 아픈 경험이 기억나게 되면 서운했던 다른 사건들이 떠올라 감정에 휩싸인다.
- 타인이 나를 평가하는 것에 민감하다.
- 공감을 잘 하며 말하지 않아도 타인의 필요가 눈에 보여 타인의 필요를 채워 주려고 노력한다.
- 남들에게 거부당하거나 가까운 사람들에게 버림받는 것을 걱정한다.
- 개인적인 성공은 희생하더라도 가족과의 친밀한 관계가 더욱 중요하다고 생각한다.
- 배우자와의 갈등이 일어나면 혼자서 해결하기보다 가까운 사람들에게 이야기하며 풀기를 좋아한다.
- 타인이 나에게 잘한다고 칭찬하면 받아들이기 어렵다.
- 타인이 뭔가를 요청하면 내가 하는 일을 나중으로 미루고 먼저 돕는 편이다.
- 과거에 대한 사건은 매우 세밀하게 기억할 뿐만 아니라 그때의 감정까지도 세밀하게 느낀다.
- 반면에 미래에 대한 계획은 주저함이 많고 자신감이 없어 치밀하게 세우지 못한다.

〈불안정 혼란/미해결형〉

- 나도 나를 못 믿지만 다른 사람도 믿을 수 없다.
- 과거에 상처 또는 트라우마가 있다.
- 다른 사람들과 친밀해지고 싶지만, 사람으로부터 다시는 상처 받기 싫어서 타인을 믿거나 의존하기가 어렵다.
- 다른 사람과 가까워지고 싶은 마음과 멀리 떨어져 안전하고 싶은 마음 사이에서 이러지도 저러지도 못하며 거리를 두게 된다.
- 내 감정은 나를 힘들고 혼란스럽게 만든다. 그래서 감정을 느끼지 않으려고 노력한다.
- 혼자 있기가 너무 싫은데 혼자 있는 게 차라리 편하다.
- 누군가 다가올 때 무엇을 말하고 어떻게 행동해야 할지 혼란스러워 내가 너무 싫다.
- 사람들에게 마음을 주는 것이 힘들지만 일단 친해지면 버림받는 것과 상처받는 것을 계속 걱정한다.
- 회피형의 특징과 불안형의 특징들이 뒤섞여 있다.

나의 유형을 이해한다는 것은 내가 가진 태도, 세계관, 감정에 영향받는 정도 등을 객관적으로 살펴보는 것이다. 나의 행동에 영향을 미치는 다양한 요소들을 이해하여 자녀 양육에 나타나는 내 모습을 점검할 수 있고 자녀와 좀 더 나은 관계를 만들어 갈 수 있다.

유형별 특징을 보면 알 수 있듯이 안정 유형에 속한다고 해서 불안정 유형의 특징이 전혀 없는 것도 아니고, 불안정 유형의 특징이 많다고 해서 안정 유형이 없는 것도 아니다. 배우자를 대할 때와 자녀를 대할 때의 유형이 약간 차이를 보일 수도 있고, 가까운 사람을 대할 때와 그저 알고 지내는 사람과의 관계에서 유형의 특징이 다소 다를 수 있다.

애착이 형성되는 초기 관계에서 아이들은 다양한 상황을 경험하는데, 이때 상황에 따라 어떻게 행동해야 할지를 결정하는 일련의 내적인 '규칙들'을 형성한다. 이 규칙들은 각각의 상황에서 직면하는 다양한 감정들을 주 양육자인 엄마와 어떻게 처리하느냐에 따라 다르게 정해진다.

이러한 규칙들은 우리가 생각하고 느끼고 행동을 취할 때 사용되는 일련의 모델이 된다고 하여, 심리학에서는 '내적작동 모델들(internal working models)'이라고 표현한다.

결국 우리는 내적작동 모델들을 따라 나도 모르게 어떤 상황에 직면하면 특정 생각, 감정, 행동 등이 자동적으로 표현되는데, 이게 바로 '자기 방식'이다. 애착 유형이란 곧 자기 방식의 유형이며, 우리의 행동을 결정하는 내면의 규칙이 모여서 만들어진다.

부모의 애착 유형은 자녀와의 관계에서 사고와 감정 그리고 행동에 분명하게 영향을 주는데 상황에 따라 부모의 내적작동 모델은 각기 다른 모델들이 사용될 수 있다. 자녀를 대할 때 나의 유형이 양육 현장에서 주로 나타나지만, 일부 특정 상황에 따라 다른 유형이 나타나기도 한다.

부모가 자녀와 좋은 관계를 만들어 가는 것은 자녀가 성격을 형성하고 자신의 세계관을 만드는 데 중요한 역할을 한다. 그리고 자녀가 부모와의 관계에서 함께 만든 내면의 규칙들은 다시 자녀가 부모가 되었을 때 양육 현장에서 그대로 전달되는 경우가 흔하다.

다시 말해 내가 자녀와 맺은 좋은 관계는 이후 자녀가 성장했을 때 똑같이 자녀에게 그대로 유지되어, 자녀도 좋은 관계적 특징을 물려줄 확률이 높다는 것이다. 결국 좋은 애착으로 만들어진 좋은 양육은 얼마든지 가문의 유산으로 물려줄 수 있는 무형의 가보(家寶)가 될 수 있다.

문득 이런 질문이 떠오를지도 모른다. 애착 형성 기간이 훨씬 지난 내 자녀가 만약 불안정 유형이라면 바꿀 수 없지 않겠는가? 그렇지 않다! 부모와의 새로운 경험은 기존의 규칙, 내적작동 모델을 바꾸기 때문이다.

개인의 유형이 유지되는 것은 같은 경험이 반복되고 그 상황을 맞이하는 같은 반응이 계속되기에 그렇다. 자녀는 같은 부모에게서 같은 경험을 반복하면서 그에 따른 반응을 유지하며 성장한다. 부모뿐만 아니라 인간관계에서 자리 잡은 상대방에 대한 이미지는 같은 경험을 반복하면서 만들어진 그 사람에 대한 평가일 뿐이다. 그러므로 경험이 달라지고 반복되면, 관계의 규칙이 달라지고 이미지와 평가도 달라진다.

유형이 바뀌는 데에는 두 가지 조건이 필요하다. '일관성'과 '시간'이다. 비록 자녀가 불안정 유형이라 할지라도 안정형 자녀들이 경험하는 양육에 반복해서 노출된다면 얼마든지 유형의 변화를 이룰 수 있다. 안정감과 공감의 일관성 있는 경험은 두뇌의 신경망을 안정 유형으로 바꾸게 된다.

자녀가 부모의 변화를 느끼려면 시간이 필요하다. 한 번 특별한 경험을 했다고 해서 부모가 바뀌었다고 느끼지는 않는다. 자녀가 새로운 내적작동 모델을 형성하고 안정 유형의 특징들을 부모로부터 닮아가기 위해서는 두뇌가 적응하고 바뀌는 시간이 필요한데, 이것은 마치 새로운 습관이 자리를 잡기 위해 시간이 걸리는 것과 비슷하다.

PART 2
자녀에게 최고 유산, 부모 사랑

미래를 미리 경험하고 사는 사람은 없다.
매 순간 생각하고 느끼고 선택하는 과정에
서 그 결과를 맞이하며 사는 것이 인생이
다. 부모로서 생각과 감정 그리고 선택을
조정하여 성숙해 가는 과정을 자녀가 경험
할 수 있도록 돕는 것은 자녀에게 물려줄
수 있는 최고의 유산이다. 마땅히 가져야
할 부모 자녀 간의 사랑을 다른 대체물로
채우는 자녀라면 그것만큼 자녀에게 불행
한 것도 없다.

1

다시 키우면 잘 키울까?

內柔外剛(내유외강)은 속은 부드럽지만 겉은 강하다는 의미다. 자녀의 속마음이 안정되고 편안해야 육체나 생활도 건강할 수 있다. 속이 강한 물체가 충격에 쉽게 부러지듯 긴장하고 굳어져 있는 마음은 건강에도 좋지 않지만, 생활에서 어려움을 겪으면 쉽게 좌절한다. 좋은 양육은 자녀의 마음을 부드럽게 만든다. 속은 부드러워도 겉은 강하다.

망치고 싶은
부모는 없습니다

자녀에게 문제가 생기면 부모는 자책감을 느끼며, 자녀를 망쳤다고 생각하여 문제를 자기 탓으로 돌리기도 한다. 하지만 자녀를 망쳤다고 느끼는 기준은 어디에서 나왔을까? 내가 생각하고 있는 올바른 자녀 양육에 대한 그림이 현실과 동떨어질 때, 자녀를 잘못 키웠다고 생각하기 쉽다.

자녀가 성장기 어린이일 때는 다른 아이들에 비해 키가 작거나, 저체중이거나, 쉽게 감기에 걸리는 모습만 보아도 미안함을 느낀다. 학령기에 접어들어 공부를 시작하면 성적이 나쁜 것을 두고 부모가 제대로 지원해 주지 못했다고 생각하여 안타까워한다. 친구 관계에서 갈등을 겪는 자녀를 바라보면 마음이 아프다 못해 무너지기도 한다.

사춘기 자녀를 둔 부모는 자녀가 통제되지 않으면 혹시나 잘못되지 않을까 걱정한다. 이러한 그림은 부모들에게 원하지 않는 그림이다. 그리고 현실에서 기대하지 않은 그런 그림들을 경험하면 부모는 혼란에 빠지게 된다.

자녀의 현재 모습은 다양한 영향으로 이루어진다. 부모의 영향뿐만 아니라 친구와 선생님의 영향, 그리고 급변하는 사회 문화적인 영향을 포함한다. 특히 부모의 양육 태도와 초기 애착 관계는 자녀가 접하는 인간관계와 생활 방식을 만들어 가는데 결정적인 역할을 한다. 그래서 똑같은 학교생활을 하더라도 서로 다른 생활 태도와 인간관계를 맺게 한다.

EBS의 한 프로그램에서 초등학교 3학년 학생들을 대상으로 실험을 한 적이 있다. 한 반의 학생 중 무작위로 8명을 선택해 애착 유형을 검사하였다. 그들 중 5명은 안정 애착을 형성한 아동이었지만 3명은 불안정 애착을 형성한 상태였다.

이 실험에서 반 전체 학생에게 생일에 초대하고 싶은 친구들 3명의 이름을 적으라고 했는데 놀랍게도 안정 애착을 형성했던 5명의 아이들은 최소 4명에서 7명까지 초대를 받았지만, 불안정 애착을 형성했던 3명의 아이들은 단 한 명도 친구들로부터 초대받지 못했다.

부모와의 관계는 친구를 사귀는 방식, 선생님 같은 어른을 대할 때의 태도, 문제를 대처하는 자세 등을 몸에 익히는 연습과도 같다. 부모의 양육 태도에 따라 자녀는 또래 친구에게 어떻게 반응할지, 부모와 같은 권위적인 인물에게는 어떻게 대해야 할지, 문제를 마주했을 때는 어떻게 처리해야 할지를 구별해서 배우며 몸에 익힌다. 자녀를 망치고 싶은 부모는 아무도 없지만, 이처럼 양육 태도나 가정 환경이 열악할수록 성장이 더딜 수 있고 인간관계에서 열세를 보이기도 한다.

미국 버클리 캘리포니아대학교 발달심리학 교수 바움린드(Diana B. Baumrind)는 부모의 양육 스타일에 따라 자녀 행동이 서로 다르게 나타난다는 것을 발견했다. 아이들을 관찰하고 부모를 인터뷰하여 축적한 자료를 분석하면서 자녀 행동이 부모의 양육 태도와 밀접한 관계가 있다는 것을 알게 되었다.

그리고 부모의 양육 스타일을 안정-민주형, 독재형, 허용형의 세 가지 형태로 분류하였고,[31] 이후 맥코비와 마틴(Maccoby & Martin)이 허용형을 다시 허용형과 방임형으로 세분화하여 현재 네 가지 양육 형태로 분류하고 있다.[32]

〈안정-민주적 양육〉

- 자녀에 대해 충분한 사랑을 표현하기도 하지만 규칙과 통제를 적절히 제시하여 부모의 권위와 사랑이 균형을 이룬다.
- 대화할 때 자녀의 말을 기꺼이 듣는다.
- 자녀에게 사랑을 표현하고, 잘못된 행동에 대해서는 올바르게 훈육한다.
- 부모의 태도가 일관적이고 논리적이어서 자녀는 부모를 예측할 수 있다.
- 자녀에게 자유롭게 선택하고 행동하도록 자율성을 보장하면서 분명한 기준을 제시하여 부모의 통제 아래 보호받도록 한다.
- 자녀의 감정을 중요하게 생각할 뿐만 아니라 자녀 입장에서 공감하고, 자녀가 건강하게 두려워하지 않고 감정을 자유롭게 표현한다.

〈독재적 양육〉

- 자녀에 대한 사랑 표현은 제한적이면서 규칙과 통제가 강한 부모로서 권위를 강조하는 경우이다.
- 자녀에게 엄격한 규칙과 원칙을 강조하며 무조건적인 복종을 요구한다.
- 자녀가 감정을 표현하도록 허용하지 않고, 공감하지 못하여 자녀 스스로 감정을 억압하게 만든다.
- 체벌이 많고 반항을 허용하지 않아 자녀가 부모의 틀에서 벗어

나지 못한다.

- 자녀가 사회성이 부족하고 자율적인 결정이 어려우며 대인 관계를 어려워한다.

〈허용적 양육〉

- 자녀에게 강한 애정은 보이지만 자녀 행동에 대한 통제는 결핍된 양육 태도이다.
- 부모의 감정이 불안정하고 양가적이어서 사랑과 미움이 공존하는 경우가 많다.
- 자녀에게 규칙이나 통제보다는 자녀의 요구나 의견에 지나치게 관대하거나 무조건 동의하는 유형이다.
- 부모가 자녀의 행동을 통제하지 않아 자녀가 올바른 태도를 형성하거나 예절을 배우지 못한다.
- 부모 자신이 자녀를 망쳤다고 스스로 생각하여 자녀에게 미안한 마음으로 자녀의 요구를 허용하는 경우가 많다.
- 자녀가 참을성이 부족하고 충동적이며 반항적이다.

〈방임적 양육〉

- 자녀에 대한 애정이 부족하고 통제력도 부족한 양육 태도이다.
- 부모가 자신의 생활을 우선시하거나 삶에 지쳐 자녀 양육에 관심이 부족한 경우이다.
- 주로 부모 자신에게 쉬운 방법을 찾아 자녀의 필요를 채워 줄 뿐

이며 시간적, 정서적 필요를 채워 주지 못한다.
- 자녀가 애정 결핍이나 무기력, 우울감, 분노 등에 노출될 확률이 높다.

애착 유형과 부모의 양육 태도와의 관계를 측정한 연구에서는, 부모가 안정 애착 유형에 속할수록 안정-민주형 양육 태도를 가진다는 결과를 보였다. [33] 안정 애착의 특징이 안정-민주적 양육 태도의 특징과 상당 부분 일치하기 때문이다. 안정-민주형 부모에게서 양육받은 자녀는 책임감, 자신감, 사회성 등도 다른 유형의 자녀보다 높아, 모든 부모가 바라는 올바른 자녀 양육의 모델이 되는 것은 분명하다.

어떤 양육 유형의 부모이든 자녀를 망치고 싶은 부모는 아무도 없다. 단지 자신의 양육 방법이 올바르다고 생각하여 키우지만, 기대와 다르게 자녀에게 좋지 않은 영향을 주는 경우가 많을 뿐이다.

그러므로 부모의 양육 태도가 어떠한지 스스로 점검하고 성찰하는 과정이 꼭 필요하다. 부족한 부분을 인정하고 개선하려고 노력하는지 그렇지 않은지에 따라 부모가 바라는 자녀 양육의 결과는 달라질 수 있다.

시작이
반이라구요?

어릴 때 형성된 습관이나 태도는 평생 지속되는 강한 힘이 있다. 심지어 부모와의 초기 관계를 통해 형성된 습관이나 태도는 대를 이어 전달되기도 한다. 자녀가 만들어 가는 습관이나 태도는 인간이 가지고 있는 두 가지 본능적인 행동 기준을 중심으로 선택되고 굳어진다.

하나는 즐거움이나 쾌락(좋은 자극)을 추구하고자 하는 것이고, 다른 하나는 아픔이나 고통을 멀리하고자 하는 것이다. 좋은 자극을 기대했던 대상에게서 고통을 느끼면, 대체 대상을 찾게 되고 그 대상에 집착한다.

앞서 살펴본 바와 같이 자신을 돌보아 줄 부모에게서 사랑과 돌봄을 받지 못하면 긴장과 불안을 느끼고, 안정감을 줄 수 있는 대상(타인이 될 수도 있고 장난감과 같은 사물이 될 수도 있다)을 찾아 집착하게 된다.

현대 뇌과학은 어린 시절 우리의 두뇌는 부모로부터 최고의 안정감을 얻으려 하고, 거기에서만 온전히 충족되려 한다는 사실을 시사한다. 그러므로 부모로부터 안정감을 얻는 자녀는 자유롭고 편안한 마음 상태를 유지할 수 있지만, 부모가 고통과 두려움의 자극을 주는 공포 대상이라면 자녀에게는 위기 상황이나 다름없다.

미국 발달심리학자 에릭 에릭슨(Erik Erikson)은 어린 시절 부모와의 관계 경험이 이후의 삶에 큰 영향을 미친다고 주장했다. 그는 인간의 발달 과정을 두 축의 발달 단계를 중심으로 설명하면서 인생에서 가장 중요한 시기는 다름 아닌 출생 후 1년간의 발달 단계라고 말했다. 그가 제시한 발달 단계의 두 축은 다음과 같다.

- 신뢰 vs 불신(0~1세): 이 시기 신생아에게 엄마는 곧 세상과도 같다. 엄마를 신뢰하느냐 불신하느냐는 곧 앞으로 세상을 신뢰하느냐 불신하느냐의 문제이다. 엄마와의 관계가 어떠한가에 따라 신뢰 또는 불신의 마음 상태가 결정된다.
- 자율성 vs 수치심(2~3세): 아이와의 신뢰 관계를 형성한 엄마는 아이 욕구가 충족되고 자율성이 발달할 수 있도록 돕는다. 이 시기의 아이는 자기 의지에 따라 스스로 행동하는 자율성을 통해 세상을 탐험하고 학습한다. 하지만 엄마가 아이를 지나치게 통제하거나 감정적으로 대하여 불안을 경험하며 성장한 경우 자율성이 통제되어 욕구가 차단되고 아이 의지가 거부되면서 수치심을 겪게 된다.
- 주도성 vs 죄책감(3~6세): 학령기 전 단계로서 유치원에서 집단생활을 배우게 된다. 안정감이 보장된 자율성이 몸에 밴 아이는 자연스럽게 주도성을 가지게 되지만, 수치심이 마음을 채운 아이는 규칙과 도덕성을 배우는 이 시기에 죄책감에 취약한 아이로 성장하기 쉽다.
- 근면성 vs 열등감(7~12세): 유아기는 비교 능력이 미약하지만, 아동기에 들어선 아이들은 명확하게 구분한다. 내가 뭘 잘하는지 못하는지 친구들이나 주변 환경과 비교하여 자신이 잘하는 관

심사에 대해 에너지를 투자하는 열정을 보인다. 바로 근면성이다. 하지만 수치심과 죄책감에 취약한 아이들은 자신을 또래나 환경과 비교하여 이것도 저것도 못하는 것처럼 느끼는 열등감에 휩싸이게 된다.

- 정체성 vs 정체성 혼란(청소년기): 내가 누구인지, 뭘 잘하는지, 사회에서 어떤 역할이 나의 위치인지 아는 것이 정체성이다. 자신의 관심 분야에 열정적이고 근면성이 있는 자녀는 청소년기에 정체성을 확립하는 것이 쉽지만, 열등감을 가진 경우 자신의 역할과 위치를 찾아가는 과정이 어렵고 오래 걸린다.

인생의 발달 단계에서 첫 1년이 중요한 이유는, 그 기간 동안 두 축 중 어느 축에 자리를 잡는가에 따라 평생이 좌우되기 때문이다. 일단 어느 한 축에 자리를 잡게 되면 이후에 다른 축으로 변화시키기가 생각보다 어렵다.

〈신뢰의 축〉

신뢰 → 자율성 → 주도성 → 근면성 → 정체성 확립

〈불신의 축〉

불신 → 수치심 → 죄책감 → 열등감 → 정체성 혼란

신뢰의 축에서 시작한 자녀는 신뢰의 축을 따라 성장하지만, 불신의 축에서 시작한 아이는 불신의 축을 따라가기 쉽다. 그 이유는 부모와의 첫 관계가 이후의 모든 관계의 모델이 되는 신경망을 형성하여 자녀의 생각하는 방식을 결정하고, 감정을 조절하거나 조그만 자극에도 예민하게 반응하게 만들며, 행동과 태도에 영향을 미치기 때문이다. 무엇보다 자녀가 성장할 때 부모의 양육 방식에 변화가 없는 채 그대로 유지되는 경우가 대부분이기에 그렇다.

하지만 자녀 양육의 모든 것이 첫 관계에서 결정되어 버린다면 첫 관계에 실패한 부모들에게는 지나치게 가혹한 현실이다. 그렇기에 우리의 두뇌가 경험에 따라 신경망을 바꿀 수 있는 신경가소성[34]이 있다는 사실은 큰 축복이 아닐 수 없다. 비록 첫 관계가 중요하지만, 부모와의 관계가 변하여 자녀가 이전과 다른 양육을 경험한다면 축은 얼마든지 바뀔 수 있을 만큼 유동적이다.

시작부터 실수했다고 느껴질지라도 시작은 '전체'가 아니라 '반(半)'일 뿐이다. 인생의 발달에서 시작이 반이라면, 양육에서도 마찬가지다. 양육의 변화를 시작하는 것은 축을 바꾸기에 충분한 시작이다. 이것은 자녀에게 물려줄 수 있는 좋은 유산의 시작이기도 하다.

필자 역시 자녀와 관계를 맺는 것이 서툴었다. 자녀를 지나치게 통제하고 잔소리가 많아 아이들이 싫어했으니 말이다. 서툴었던 양육만 생각하면 시간을 되돌리고 싶은 마음이다. 솔직히 '애착'이라는 분야를 알게 된 것이 나에게 행운이었다. 자녀의 마음을 헤아리는 기회가 되기도 했지만, 무엇보다 나 자신에 대해 이해하는 기회였고 성찰의 기회가 되었다.

아마 필자가 그러했듯이 무엇부터 해야 할까? 어디서부터 시작해야 할까?를 고민하는 것은 변화를 시도하려는 부모에게는 자연스러운 질문일 것이다. 하지만 이 질문은 반드시 투-트랙(two-track)이어야 함을 명심하자. 하나는 부모로서 나의 변화를 위한 성찰의 의미로 그 질문을 던져야 하고, 다른 하나는 자녀와의 관계를 개선하기 위해 질문해야 한다.

자녀와의 관계는 나 자신과의 관계와 결코 무관하지 않다. 부모가 안정감을 찾도록 스트레스를 줄이고, 성찰을 통해 자기를 수용하고 건강한 자존감을 찾기 위해 질문을 던지며 해답을 찾아가는 과정은 자녀와의 관계에 자연스럽게 영향을 미친다. 그리고 자녀가 진정으로 필요로 하는 것은 안정감있는 부모라는 점에서 그 과정은 자녀와의 관계 개선을 위한 질문의 해답일 것이다.

다시 키울 수 있다면 좋겠습니다

인생을 다시 사는 기회가 있다면 지금보다 더 잘 살 수 있을까? 그럴 수 있겠지만, 다시 산다고 하더라도 매 순간 선택을 하면서 살아야 하는 현실을 떠날 수는 없을 것이다. 결국 선택이 바뀌지 않는 한 자녀를 다시 키운다고 해서 더 잘 키울 수 있다는 보장은 불가능하다.

많은 부모가 자녀와의 관계를 아쉬워하며 다시 키우면 더 잘 키울 것이라고 다짐하지만, 현재 자신의 양육 태도를 고집하는 부모라면 기회가 다시 온다고 할지라도 같은 선택을 반복하기 쉽다. 그러므로 자녀와의 좋은 관계를 위한 적기는 바로 지금이다.

그렇다면 자녀와의 친밀한 관계를 위한 시작은 어디부터 해야 할까? 에릭슨의 발달 단계에서 볼 수 있듯이 자녀는 다양한 자리에 위치한다. 이제 갓 태어난 신생아라면 신뢰 또는 불신의 자리에 있을 것이고, 초등학생 자녀라면 근면성이나 열등감의 자리에 있을 것이다.

이제 막 세상에 태어난 자녀라면 부모와 처음부터 신뢰를 쌓으며 시작할 수 있으니 좋겠지만, 이미 초등학생까지 성장했다면 이미 많은 단계가 지나간 셈이다. 하지만 자녀의 단계가 많이 지났더라도 지나치게 걱정할 필요는 없다. 세월을 되돌려 처음부터 다시 시작할 수는 없지만, 얼마든지 수정이 가능하다. 자녀가 어느 자리에 위치하든, 좋은 관계의 시작은 언제나 에릭슨의 발달 단계 중 첫 단계인 '신뢰 쌓기'부터이다.

수치심, 죄책감, 열등감, 정체성 혼란 등 어느 단계에 있는 자녀든지 아이에게 필요한 것은 마음을 터놓을 수 있고 신뢰할 수 있는 확실한 대상이다. 그래서 건강한 양육은 부모가 자녀에게 신뢰의 대상이 되는 신뢰 쌓기부터 출발한다.

물론 부모와의 신뢰가 무너졌다고 해서 그 책임이 무조건 부모에게만 있는 것은 아니다. 자녀의 현주소는 부모의 영향도 있지만, 사회 구조적인 영향도 분명히 있다. 학령기 자녀라면 친구와의 관계, 선생님과의 관계, 미디어의 사용 등에 끊임없이 영향을 받는다.

그럼에도 불구하고 부모와의 신뢰 쌓기를 강조하는 이유는, 자녀가 원하는 진정한 사랑과 돌봄은 부모에게서 출발하고 완성되기에 그렇다. 자녀 입장에서 부모 외 그 어떤 대상도 부모만큼의 사랑과 돌봄을 기대하기는 어렵다.

자녀가 부모의 사랑과 돌봄을 느끼는 것은 신뢰가 바탕일 때 가능하다. 부모와의 신뢰가 두터운 자녀는 부모가 호되게 꾸짖는다고 해도 훈육으로 이해하고 상처받지 않는다. 지금은 혼나지만, 부모가 사랑한다는 것을 일관적인 경험으로 알기 때문이다.

하지만 부모와의 신뢰 쌓기가 형성되지 않은 자녀의 사정은 다르다. 그들 대다수가 부모가 사랑하지 않는다고 느끼기에, 부모가 좋은 의도로 훈육하더라도 자신을 사랑하지 않아서 야단친다고 받아들여 또다른 상처가 될 뿐이다. 그 상처가 반복되면 에릭슨이 나열했던 수치심이 되고, 죄책감과 열등감으로 이어지면서 결국 자신이 누구인지 혼란스러워하는 정체성 혼란으로 귀결된다.

그러므로 자녀가 수치심이 강하거나 열등감이 심하다면, "너는 왜 그 모양이야"라고 다그쳐서는 안 된다. 부모 입장에선 최선을 다해 키웠으니 주눅 들어 있는 모습이 답답하겠지만, 자녀 양육은 부모가 생각하는 인과 관계에 따라 결과가 나타나지 않는 경우가 허다하다.

그럼 어떻게 해야 자녀와 신뢰를 형성할 수 있을까? 먼저 자녀를 관찰하는 것이 도움이 된다. 관찰은 자녀를 있는 그대로 보는 관심의 시작이라 할 수 있다. 다시 한 번 언급하지만, 부록으로 첨부한 '자녀 관찰일지'를 적극 활용하기를 추천한다.

자녀가 어떤 상황에서 수치심을 느끼는지, 죄책감을 일으키는 요소는 무엇인지, 열등감을 느끼는 환경은 무엇인지 '있는 그대로' 살펴봐야 한다. 각 상황이 부모 자신의 관계에서 비롯될 수도 있지만, 부모가 아닌 사회 구조적인 요소일 수도 있다. 그러나 부모와 직접적인 관계가 아니더라도 자녀는 항상 부모와 간접적으로 연결되어 있다는 것을 전제해야 한다.

예를 들어 자녀가 왕따를 당하고 친구들과의 비교에서 열등감을 느끼고 있다면, 단순히 주변에 있는 나쁜 친구들이 원인이라고 단정 지어서는 안 된다. 주위의 친구들이 직접적인 영향을 미쳤더라도 부모가 평소 강압적이거나 방임하며 자녀를 양육하지는 않았는지, 또는 다른 자녀들과 비교하는 발언이나 분위기를 만들어 간접적인 영향을 주지는 않았는지 살펴야 한다.

열등감은 비교를 통해 일어나는 대표적인 감정으로, 부모가 평소 자녀의 성격, 생활 태도, 행동 등을 다른 대상과 비교하였다면 자녀는 자신의 영역에서 열등감에 취약하게 된다. 학령기 아이들을 대상으로 한 여러 연구에서, 집단 따돌림과 열등감(낮은 자아존중감)은 서로 깊은 관련이 있다고 제시한다.

그러므로 자녀가 수치심이나 열등감을 느끼는 상황에서 부모가 답답해했다면, 이제는 자녀의 상황을 있는 그대로 자녀 입장에서 느껴 보려고 시도하는 것이 좋다. 얼마나 창피할지, 자신에 대한 좌절감으로 자신이 얼마나 싫을지 느껴 보는 것이다. 부모 자신의 경험을 함께 나누는 진솔한 대화도 좋다.

안정 유형의 사람일지라도 정서 조절을 잘한다는 것이지, 부정적인 정서와 열등감을 전혀 느끼지 않는다는 것은 아니다. 세상의 모든 사람들은 각양각색의 감정을 느끼고 살기에, 부모가 경험했던 수치심이나 열등감의 경험을 자녀와 나누고 자녀가 효과적으로 극복할 수 있는 방향을 함께 모색하는 것도 좋은 실천이다.

부모와의 신뢰 쌓기는 여행이나 선물 같은 방법을 실천할 수도 있지만, 자녀가 힘들어하는 현장에서 쌓아 가는 것이 더 효과적이다. 그리고 신뢰 쌓기란 결코 한 번에 이루어지는 과정이 아니다. 신뢰 쌓기를 위해 자녀를 기다리는 부모의 인내가 필요하다.

부모에 대한 신뢰에서 나타나는 자녀의 변화 중 가장 먼저 나타나는 결과는 '자율성'이다. 에릭슨이 '신뢰' 다음 단계로 제시하였다. 자녀가 스스로 선택하는 자율성은 부모로부터 오는 안정감을 바탕으로 만들어지기에 시행착오를 겪더라도 과거처럼 두려워하지 않을 수 있다.

자율성의 완성은 그 다음 단계인 '주도성'과 '근면성'으로 이어지고, 내가 누구인지, 뭘 잘하는지, 사회의 일원으로 어떻게 살아가야 할지를 발견하는 '정체성 확립'으로 집중된다. 결국 자녀의 위치가 어디든지 첫 단추인 신뢰 쌓기 단계로 돌아가 자녀와의 새로운 관계를 형성한다면, 마치 시간을 다시 돌려 다시 키우는 결과를 얻게 된다.

뇌를 알면
다시 키울 수 있어요

인간의 뇌는 사랑에 대해 가장 기능적으로 반응하도록 프로그램 되어 있다. 분노, 불안, 외로움 등 부정적인 감정은 두뇌의 각종 기능에 불균형을 초래한다. 예를 들어 분노가 자주 폭발한다든지, 불안과 두려움에 쉽게 휩싸인다는 것은 우리 몸의 알람 시스템과도 같은 편도체라는 뇌 부위가 과도하게 활성화된다는 의미다. 반면에 마음의 균형과 조절을 담당하는 전전두엽은 제 역할을 하지 못하게 된다. 편도체가 전두엽의 기능을 마비시키는 소위 '편도체 납치(amygdala hijack)'라고 불리는 현상이 일어난다.

편도체는 우리 감정을 담당하는 변연계의 구성 요소로서 뇌 중심부에 위치하지만, 이성과 조절을 담당하는 부위인 대뇌피질은 변연계를 둘러싸고 있어 뇌 표면에 위치한다.

정상적인 뇌 기능은 중심부(변연계)와 피질부(대뇌피질)가 서로 긴밀하게 상호 작용하면서 이루어지지만, 만약 반복적으로 화를 내거나 불안한 환경에 처하게 되면 변연계의 편도체가 지나치게 활성화되어, 두뇌는 별것 아닌 작은 자극에도 분노나 두려움 같은 감정을 쉽게 일으켜 균형 잡힌 판단이나 감정 조절을 어렵게 만든다.

만약 자녀를 부모의 감정에 따라 강압적이고 분노와 짜증으로 양육하게 되면, 자녀의 두뇌는 편도체의 지나친 활성화로 불안과 두려움에 취약한 신경망을 형성할 수 있다. 정서 조절은 자녀가 스스로 정

편도체는 우리 감정을 담당하는
변연계의 구성 요소로서
뇌 중심부에 위치하지만, 이성과 조절을
담당하는 부위인 대뇌피질은 변연계를
둘러싸고 있어 뇌 표면에 위치한다.

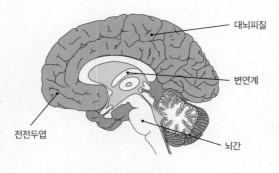

대뇌피질

변연계

전전두엽

뇌간

두뇌의 구조

서를 조절할 수 있을 만큼 성숙하기 전까지는 주 양육자가 함께 도와 조절할 수 있다.

정서 조절과 이성적 판단에 관여하는 전두엽의 발달은 다른 두뇌의 부위보다 서서히 발달하여 청소년기에 이르러서야 제 기능을 발휘하기에, 나이가 어릴수록 부모와의 상호 관계는 정서 조절에 매우 핵심적인 역할을 한다. 어린아이의 편도체 활성화는 부모의 전전두엽을 빌려 조절하면서 자신의 정서 조절에 대한 전두엽 기능을 발달시키는 것이다.

예를 들어 유아기 자녀가 기분이 상하는 상황에서 편도체가 활성화되어 화가 나 있다면, 엄마가 전전두엽의 사고, 판단, 조절 기능을 사용하여 자녀의 상황을 판단하고 마음을 나누어 기분을 풀어줄 수 있다. 이때 자녀는 엄마의 위로를 사용하여 자신의 기분을 조절하면서 전전두엽을 발달시키게 된다.

하지만 자녀의 기분을 살피지 못하고 부모가 강압적이고 감정적으로 반응한다면, 자녀의 편도체는 진정되지 못하고 지속적으로 활동하여 전두엽의 기능을 저해한다. 그러므로 정서 조절은 부모와의 상호 조절(co-regulation)에서 시작하여 자기가 스스로 조절(self-regulation)하는 단계로 발달하게 된다. 자녀의 모습에서 과도한 불안과 짜증, 수치심, 열등감 등이 발견된다면 전적으로 자녀의 탓으로만 돌릴 수 없는 부분이기도 하다.

앞서 언급했던 신뢰 쌓기는 스스로 정서를 조절하기 어려운 자녀들이 부모와의 상호 조절로 자녀가 스스로 정서를 조절하도록 돕는 실천이기도 하다. 자녀가 감정을 조절한다는 것은 두뇌적인 변화가 일어난다는 의미이다.

두뇌의 특징 중 주목할 만한 것은 계속 사용하는 신경 세포들은 신경망이 강화되지만, 사용하지 않는 세포들은 약화하거나 소멸한다는 것이다.

인간의 뇌는 사랑을 받을 때 가장 기능적으로 반응하며 안정을 이룬다. 불안과 긴장으로 편도체가 과도하게 활성화되었다면 사랑으로 편도체를 진정시켜 평정심을 찾아갈 수 있다. 우리의 뇌는 어떤 자극을 반복적이고 체계적으로 받는가에 따라 상황에 변화하고 적응하는 특징을 보인다는 말이다. 현대 뇌과학은 이러한 뇌의 특성을 '신경가소성(neuroplasticity)'이라고 부른다.

그러므로 지속적인 사랑으로 신뢰를 쌓아 가면 자녀는 스스로 감정을 조절하는 변화를 이룰 수 있다. 다만, 변화에는 시간이 필요하다. 자녀와의 갈등에서 부모가 인내하며 한 번 두 번 사랑을 표현했다고 즉각적인 변화를 기대하면 안 된다. 갈등을 해소하고 사랑의 관계를 형성하기 위해서는 두뇌의 신경망이 새롭게 연결되고 강화되는 시간이 필요하다.

어떠한 일이든 익숙하게 되기까지 시간이 필요하듯, 자녀와의 관계에서 신뢰를 쌓아 가는 것도 시간이 필요하다. 영국 런던대학교에서 진행된 연구 중, 일상의 삶에서 습관이 만들어지기까지 걸리는 시간을 측정한 흥미로운 연구가 있다. 개인에 따라 특정 행동이 익숙해지기까지 걸리는 시간은 18일에서 254일까지 범위가 꽤 넓었지만, 일반적으로 평균 약 66일이 걸리는 것으로 측정되었다. [35]

이를 토대로 두뇌가 신경가소성을 사용하여 새로운 관계나 환경에 적응하는데 걸리는 시간을 유추해 볼 수 있다. 부모와 자녀가 갈등을 해소하고 새롭게 사랑을 주고받으며 긴장과 분노를 녹이는데 걸리는 최소한의 시간이기도 하다.

자녀가 부모의 사랑을 느끼는 것은 작은 실천에서도 얼마든지 가능하다. 무엇을 하는가는 그리 중요하지 않다. 우리 두뇌가 제 기능을 할 수 있도록 돕는 작은 사랑의 표현이면 족하다. 마음을 담은 따뜻한 말 한마디, 스킨십, 눈 마주치기, 함께 시간 보내기, 안아주기 등 각자 환경에서 실천 가능한 사랑의 습관을 만들면 된다. 중요한 것은 서로의 뇌가 적응하기까지 실천하는 것이다.

부모는 가장
든든한 안전기지

산악 탐험가는 에베레스트 같은 높은 산을 오를 때, 산중턱 안전한 곳에 베이스캠프를 세운다. 베이스캠프의 가장 중요한 기능은 정상을 오르는 사람들의 물자 공급과 안전을 지원하는 것에 있다.

산악인은 베이스캠프에서 쉼을 가지며 에너지를 비축하기도 하지만, 산 정상을 어떻게 도달할지 작전을 세우기도 하면서 산의 환경에 적응하는 장소로 사용되기도 한다.

자녀에게 부모는 마치 베이스캠프 같다. 아이들은 세상에 적응하기 위해 부모라는 베이스캠프에서 필요한 공급을 받고, 부모와의 관계를 통해 어떻게 타인과 관계를 맺는지 배운다. 그리고 부모와의 관계에서 자기가 필요한 것을 설득하기 위해 작전을 세우기도 한다. 베이스캠프 같은 부모의 역할을 심리학에서는 '안전기지'라는 개념으로 설명한다.

자녀는 부모의 두 가지 역할을 통해 안정감을 확보한다. 하나는 부모가 돌봐 줄 것을 믿고 마음 놓고 부모 품을 떠나 바깥으로 나갈 수 있도록 돕는 든든한 '후원자 역할'이고, 다른 하나는 자녀가 어려움을 당할 때 언제든지 부모에게 두 팔 벌리고 다가와 마음을 나눌 수 있는 '위로자 역할'이다.

부모의 안전기지 역할은 자녀와의 관계에서 신뢰를 쌓는데 핵심으로 작용한다. 부모가 나를 지켜줄 수 있는지 없는지 확신이 서지 않는다는 것은 자녀를 불안하게 만들며, 자녀가 세상으로 나아가는데 소극적으로 만든다. 안전이 보장되지 않은 상태에서 자기보다 모든 것이 커 보이는 세상으로 발을 내딛는다는 것은 어린아이들에게는 쉽지 않은 일이다.

하지만 안전기지가 되지 않는 부모가 어디 있겠는가? 부모라면 모두 자녀에 대해 끝까지 보호하고 안전기지가 되어 주려고 행동한다. 때로는 사랑을 부어주는 방식으로, 때로는 훈육의 방식으로 자녀를 돌본다. 다그치기도 하고 야단을 치기도 하지만 자녀를 사랑하는 부모의 마음은 똑같다.

문제는 부모의 그런 마음을 어린아이들은 잘 읽지 못한다는 데 있다. 자녀가 성장할수록 부모의 의도를 보다 정확하게 파악하지만, 어린아이들은 부모의 의도를 이해하기 어렵다. 무엇보다 부모가 안전기지인지 아닌지는 부모가 판단하여 결정하는 것이 아니라, 자녀가 어떻게 느끼는가에 달려 있다. 부모 자신은 스스로 좋은 부모라고 생각할 수 있어도, 자녀가 그렇게 느끼지 못하면 안전기지가 아니라는 것이다.

자녀 양육에 대한 부모의 견해를 인터뷰하다 보면, 어떤 부모는 자녀가 원하는 대로 키우면 버릇이 나빠지고 양육하기 힘들어지기 때문에 엄하게 키워야 한다고 말한다. 어떤 부모는 자녀가 기죽으면 안 된다며 자녀가 바라는 것은 가능한 모든 것을 지지하며 양육한다고 말한다.

두 경우 모두 양육 관계의 주체가 부모이다. 자녀의 생각, 의도, 성격이나 상황 등을 고려하기보다 부모가 주체가 되어 모든 것을 결정하면 자녀의 자율성은 떨어지게 마련이다. 그러므로 부모의 사랑과 훈육 그리고 자녀의 자율성이 서로 균형을 맞추는 것이 필요하다.

에베레스트 산 정상을 오르는 사람들과 베이스캠프에 남아 있는 사람들과의 관계를 살펴보자. 베이스캠프에 남아 있는 사람들은 결코 정상을 오르는 주체가 될 수 없다. 그들은 정상에 오르는 원정대가 아니기에 현장의 상황을 직접 볼 수도 없다.

그럼에도 험난한 산을 오르는 사람들의 입장에서 베이스캠프는 든든한 버팀목이자 안정감을 얻을 수 있는 유일한 근원이다. 바로 그 안정감때문에 원정대는 어려운 상황을 이겨 내고 산 정상을 차지하는 것이다.

자녀 양육은 마치 이와 같다. 부모는 베이스캠프 역할이어야 한다. 어린 자녀에게는 세상의 모든 것이 크게 느껴진다. 자기보다 높은 테이블, 자기 것보다 거대한 신발, 자기보다 힘센 사람 등을 보면서 자기가 작다는 것을 수없이 감각한다.

그럼에도 불구하고 아이들이 부모 곁을 떠나서 새로운 것을 만져 보고, 새로운 환경을 경험할 수 있는 자신감은 부모에게서 비롯된다. 안아 주고, 격려하고, 도전하도록 응원해 주는 안전기지를 경험한 자녀는 자기 자신을 크게 확대하고 확장할 수 있기에 가능하다.

이러한 자신감은 부모를 안전기지로 신뢰할 수 있을 때 비로소 자유롭게 활용할 수 있다. 유아기이거나 유년기, 청소년기 자녀이거나 부모의 안전기지 역할은 사실상 다르지 않다. 친구 관계에서 갈등이 생기거나 공부로 스트레스를 받을지라도, 부모의 역할은 직접 문제를 해결해 주는 것이 아니라 자녀가 스스로 해결하도록 자녀의 마음을 지원하는 바로 안전기지 역할이다.

안전기지가 되는
5가지 요소

부모는 구체적으로 어떻게 안전기지 역할을 하면서 자녀와 신뢰를 쌓을 수 있을까? 영국 이스트앵글리아대학교 스코필드(Gillian Schofield) 박사는 부모가 안전기지가 되기 위해서는 5가지 차원의 안전기지 요소가 필요하다고 주장한다. [36]

- 자녀가 부모를 활용할 수 있는 가용 능력(Availability)
- 민감한 돌봄(Sensitivity)
- 수용적 태도(Acceptance)
- 협력하는 마음(Co-operation)
- 가족에 대한 소속감(Family Membership)

먼저 부모의 가용 능력은 자녀가 부모를 활용하여 필요를 채우고 성장과 발달을 이루어 가도록 부모가 준비되어 있는가를 나타낸다. 자녀가 부모를 필요로 할 때 언제든지 마음 놓고 부모를 활용할 수 있어야 자녀가 안정감을 얻을 수 있다.

부모의 가용 능력은 '육체적 가용(physical availability)'과 '정서적 가용(emotional availability)'으로 이루어져 있다. 그리고 자녀와의 관계에서 신뢰를 형성하는데 다른 어떤 요인보다 중요한 위치를 차지한다.

육체적 가용은 부모가 자녀의 필요에 집중하기 위한 시간이나 에너지를 가지고 있는가이다. 자녀 곁에서 어려움은 없는지 살펴보고 돌보는 부모일 경우 자녀는 부모에게 다가가기 쉽지만, 부모가 자녀에게 집중하지 않고 멀리 있다면 자녀는 부모를 활용할 수 없다.

특히 어린아이일수록 부모가 가까이에서 자녀를 돌보는 것은 신뢰를 형성하는데 중요한 요인이 된다. 이처럼 아이 현장에 함께 있어주는 것만으로도 육체적 가용도는 높아질 수 있다. 만약 부모가 좀 더 적극적인 자세로 아이들의 필요를 관찰하고 모니터링하여 아이들과 함께 놀이를 하거나, 자녀의 취미나 특기 활동에 함께 참여하거나, 공부를 돕는다면 자녀가 느끼는 부모에 대한 가용도는 훨씬 높아질 것이다.

정서적 가용은 자녀의 감정 상태를 부모가 센스 있게 알아차리고 반영할 수 있는 능력이 있는가를 말한다. 자녀가 마음이 좋지 않을 때 부모에게서 위로를 받고 안정감을 얻은 경험이 자녀에게 자주 있는가? 그렇다면 부모는 정서적 가용 능력이 높은 것이다.

하지만 자녀가 부모에게 속마음을 이야기하는 것이 어렵다면 정서적 가용 능력이 낮다는 의미이다. '엄마 아빠는 내 맘을 이해하지 못해!'라고 생각하고 있다면, 자녀는 마음이 상해도 부모에게 다가가기 어렵다.

자녀가 성장할수록 마음의 문은 더 열기 힘들어진다. 때로는 상처의 출발이 부모로부터 시작되기도 한다. 몸은 부모와 가까이 있지만, 마음은 상당한 거리를 두기도 한다. 정서적 가용은 육체적 가용보다 훨씬 예민하고 민감하며 신뢰가 확보되지 않으면 활용하기가 어렵다.

그렇다면 부모의 정서적 가용 능력을 높이려면 어떻게 해야 할까? 다음의 몇 가지 사항이 도움이 될 수 있다.

- 부모 자신이 스트레스를 잘 관리할 수 있어야 한다. 부모의 스트레스 지수가 높은 경우 자녀를 제대로 지지해 주지 못한다. 이 경우 자녀의 문제는 부모에게 또 다른 스트레스로 작용할 수 있고 자녀의 힘든 감정을 반영할 수 없다.
- 자녀가 가정을 어떻게 느끼는가도 중요하다. 집이 편안하고 안전한 공간으로 느낄 수 있도록 분위기를 이끌어 갈 필요가 있다.
- 자녀가 감정을 표현하는 것을 허용해야 한다. 부모의 도움을 싫어할 수도 있고 자신의 고통때문에 부모에게 짜증을 낼 수도 있다. 정서적 문제를 처리할 때 부모가 똑같이 짜증을 내기보다 올바로 감정을 조절하고 표현하는 모델이 되어 줄 필요가 있다.
- 문제에 대한 답을 주는 것이 아니라 자녀가 답을 찾아가도록 돕는 것이 바람직하다. 자녀가 살아가는 상황은 부모의 어린 시절이나 부모의 현재 상황과 전혀 다르다. 자녀가 처한 상황을 충분히 이해하고 자녀의 세계로 내려와야 진정한 도움이 될 수 있다.

- 자녀가 도움을 청하기 위해 말을 꺼낸다면 부모는 하던 일을 멈추는 것이 좋다. 집중해서 말을 들을 수 있는 분위기와 환경을 만들어 주면 더욱 좋다.
- 육체적 가용도와 정서적 가용도는 사실 비례한다. 자녀의 정서는 부모와의 친밀한 접촉이 많을수록 안정적이다.

안전기지의 두 번째 요소인 '민감한 돌봄'은 자녀와 마음 상태를 조율할 수 있는 부모의 능력을 말한다. 스코필드 박사는 이에 대해 '치료적인 돌봄'을 위한 핵심 요소라고 말한다. 조율은 악기의 음을 맞추는 작업으로 아름다운 음악을 만들기 위해 필수적이다. 마찬가지로 부모가 자녀의 마음 상태에 들어와 함께 조율하는 것은 자녀와 아름다운 화음을 만드는데 필수적이다.

그렇다면 구체적으로 어떻게 자녀의 마음을 조율할 수 있을까? 우리는 자녀의 얼굴 표정, 말투, 행동, 태도 등을 토대로 자녀의 마음을 해석한다. 하지만 자녀의 얼굴 표정이나 행동을 보면서 내가 직관적으로 이해한 것을 두고, 자녀의 마음을 제대로 이해한 것처럼 확신해서는 안 된다.

자녀의 마음을 조율하는 과정은 좀 더 세심한 노력이 필요하다. 특정 상황에서 자녀의 얼굴 표정, 행동, 말투 등을 보며 자녀의 마음 안에서는 지금 무슨 생각들이 오고 가고 있을지, 그리고 어떤 감정들을 느끼고 있을지, 자녀의 입장에서 음을 맞추는 과정이 바로 '조율(attunement)'이다.

조율은 자녀가 자신의 감정을 스스로 조절할 수 있도록 돕는다. 정서를 스스로 조절하기까지는 부모가 '함께' 조절에 참여하는 과정이 필수적이다. 자녀의 감정을 부모가 공감하고 있다는 것을 자녀가 경험하면, 불편한 감정으로 가득한 마음에 안정감을 느끼게 된다. 흐트러진 감정을 부모가 참여하여 조율한 것이다.

이같이 부모와 함께 감정을 조절하는 과정이 반복되면, 자녀는 감정을 조절하는 패턴을 부모와 함께 배우게 되어 '스스로' 감정을 조절하는 단계로 넘어갈 수 있다. 하지만 부모와 함께 감정을 조절하는 경험이 부족한 자녀는 감정이 과도하게 표현되거나 감정을 억압하여 표현되지 않아 올바른 조절 능력을 갖추지 못하게 된다. 그래서 민감한 돌봄은 부모의 정서적 가용 능력과 밀접한 관계가 있다.

안전기지의 세 번째 요소는 수용적 태도이다. 수용적 태도란 자녀를 '있는 그대로' 받아들일 수 있는 자세를 말한다. 자녀가 잘한 부분은 물론 설사 실수를 하더라도 발전할 수 있도록 수용하는 마음을 포함한다. 무엇보다 자녀가 부모에게 사랑받고 인정받기 위한 목적으로 완벽해지려고 노력하지 않도록 돕는 자세가 중요하다.

부모의 잔소리가 심해지면 자녀는 부모의 요구에 합당한 사람이 되어야 사랑받고 인정받을 수 있다고 생각한다. 또한, 부모의 잔소리로 자녀는 자신의 기준을 비현실적으로 높게 세우고 거기에 도달하지 못하는 자신을 비하하는 마음을 갖기 쉽다. 수용적 태도가 자녀의 자아존중감과 강하게 연결되는 이유이다.

자아존중감은 자녀가 어려움에 직면할 때 포기하거나 주저않지 않고 다시 일어설 수 있는 능력인 '회복탄력성'의 배경이기도 하다. 수용적 태도가 부족한 부모의 경우 다음과 같은 특징을 보이기 쉽다.

- 잔소리가 많다.
- 칭찬에 인색하다.
- 규율이 엄격하다.
- 세대 차이를 수용하지 못한다.
- 부모 자신이 완벽주의적이다.
- 부모 자신의 기준이 높다.

안전기지의 네 번째 요소는 협력하는 마음이다. 자녀와 협력하는 것이 무조건 자녀가 의도하는 활동을 따라가야 한다는 것을 의미하지는 않는다. 오히려 적절한 경계를 세워 자녀의 활동이 무분별해지지 않도록 한계나 규칙 설정을 정해야 한다. 그리고 허용한 범위 안에서는 자녀가 자유롭게 활동하고 목표를 성취할 수 있도록 부모가 참여하고 돕는 과정이 포함된다.

부모가 자녀의 활동에 동참하여 함께 목표를 성취하는 경험은 자녀들이 자신감을 가질 뿐만 아니라 스스로 목표를 선택하고 성취할 수 있는 능력을 높일 수 있다. 하지만 부모가 너무 관여하거나 반대로 무관심하면 자녀에게 맞지 않는 한계 설정이 이루어지고, 자녀는 자신감이 없거나 지나치게 수동적인 아이로 자라게 된다.

특히 부모가 규칙이나 한계를 설정하지 못하고 자녀에게 끌려다

규칙만 설정하고 자녀의 활동에
함께하지 않으면 엄격한 부모로만
자녀에게 인식되기 쉽다.
자녀의 자신감이나 성취 능력은
부모의 협력하는 마음에 달려 있다.

니게 되면 자녀는 부모를 통제하려는 모습을 보여, 집에서든 학교에서든 규칙을 지키지 않게 된다. 올바른 한계 설정을 위해 부모가 참고해야 할 사항은 다음과 같다.

- 규칙이나 한계 설정은 분명하고 구체적이어야 하고 자녀의 나이 및 발달 단계와 상황에 맞아야 한다.
- 자녀가 지켜야 할 규칙은 충분히 설명이 되어야 하고 규칙의 이유가 뚜렷해야 한다.
- 예외 없는 규칙은 존재할 수 없으므로 만약 규칙을 지키기 어려운 특정 상황에서 자녀가 제시하는 의견이 옳다면 부모는 언제든지 수용하는 융통성을 가져야 한다.
- 규칙 설정이 부모의 행동과도 관계가 있다면 부모가 본이 되어야 한다.
- 규칙만 설정하고 자녀의 활동에 함께하지 않으면 엄격한 부모로만 자녀에게 인식되기 쉽다. 자녀의 자신감이나 성취능력은 부모의 협력하는 마음에 달려 있다.

안전기지의 마지막 요소는 가족에 대한 소속감이다. 자녀가 가족으로서 소속감을 갖는 것은 안정된 심리를 형성하는 바탕이 된다. 불안정한 심리를 호소하는 성인들의 많은 경우에서 원가족에 대한 소속감이 결여된 모습을 자주 관찰할 수 있다. 소위 원가족에게서 왕따를 당하는 '희생양'이 대표적인 예이다.

심리학에서 말하는 희생양이 아니더라도 가족에 대한 소속감을 자녀가 느끼지 못하게 되면 가족과 동화되지 못하고 정체성에 의문을 갖기 쉽다. 소속감 결핍은 가족에 대한 부채(負債) 의식을 강하게 만들기도 한다.

부모가 마치 서비스를 제공하는 주체이고 자신은 서비스를 받는 손님 같아서 서비스에 대한 빚(부채)을 갚아야 한다고 느끼기 때문에 마음에 부담을 항상 느껴 가족에 대한 소속감을 갖기 어렵다.

그러므로 가족에 대한 소속감은 자녀가 자유롭게 부모를 의존하고 세상을 향한 꿈을 키우도록 돕는 안전기지의 중요한 요소이다. 가족에 대한 소속감을 높이기 위해 부모가 참고해야 할 사항은 다음과 같다.

- 가족원이 각자 분산되어 자기에 집중하는 가족 분위기일수록 소속감을 갖기 어렵다. 각자의 일에 집중하기보다 가족 구성원의 필요와 관심에 귀를 기울이는 자세가 필요하다.
- 가족의 분위기가 중요하다. 우울하고, 분쟁이 있고, 강압적인 그룹에 속하기를 원하는 사람은 아무도 없다. 가족이라는 그룹도 마찬가지다. 밝은 가족 분위기는 자녀가 가족으로서 소속감을 갖도록 촉진한다.
- 가족의 정체성이 있어야 한다. 우리 가족은 무엇을 추구하는지, 어디에서 기쁨과 보람을 함께 느끼는지를 함께 나누는 것은 가족을 하나로 묶을 수 있는 좋은 대화 주제이다.

스트레스에 압도되지 않는
회복탄력성

어떤 부모도 자녀가 나약한 모습을 보이는 것을 원하지 않는다. 특히 청소년 자녀를 둔 부모가 쉽게 좌절하고, 포기하고, 아무것도 하지 않으려 하고 휴대폰이나 게임만 하는 자녀를 본다면 자녀에 대해 걱정하지 않을 수 없다.

모든 부모의 바람은 비록 힘든 상황을 맞이하더라도 자녀가 자신 있게 이겨 내는 모습을 기대하는 것이다. 넘어지더라도 다시 일어서는 뚝심을 보여주는 자녀야말로 부모에게는 가장 든든한 자랑이 아닐 수 없다.

이같이 위기의 상황에서 스트레스에 압도되지 않고 자신을 보호하여 다시 원상태로 회복할 수 있는 정신적 능력을 회복탄력성이라고 부른다. 현대 사회처럼 빠른 속도로 시대가 변하고 발전하는 상황에서는 한 순간의 실수가 심각한 퇴보로 이어질 수 있기에, 위기 상황에서 다시 회복할 수 있는 회복탄력성은 개인의 삶에서 매우 중요하게 작용한다.

그런데 자녀의 회복탄력성이 부모의 양육 태도와 관계한다는 연구가 있다.[37] 이 연구에서 회복탄력성은 부모가 자녀를 수용하고, 자녀의 활동에 관심을 가지고 함께 참여하는 태도와 상호 관계가 있었다. 부모의 안전기지 역할 중 수용적 태도와 협력하는 마음이 자녀의 회복탄력성을 강화하는데 긍정적인 효과가 있다는 것을 알 수 있다.

바움린드가 제시했던 부모의 네 가지 양육 태도와 회복탄력성을 비교 조사한 연구에서는 안정-민주적 양육 태도가 청소년 자녀의 회복탄력성과 강한 연관성을 가지고 있었으며, 애착 유형과의 비교 연구에서는 안정 유형과 가장 강한 상관관계를 맺고 있었다. [38]

종합해 보면 자녀의 회복탄력성은 자녀가 부모와 어떤 관계를 맺고 있는가에 따라 결정된다는 것을 알 수 있다. 특히 부모의 안전기지 역할은 자녀가 회복탄력성을 만들어 가는데 핵심적인 역할을 한다. 자녀가 부모를 필요로 할 때마다 언제든지 다가가서 부모로부터 보호와 돌봄을 받을 수 있다는 것은 자녀가 위기 상황에서 일차적인 도움을 받을 수 있는 환경이 조성되었다는 의미이다.

반면에 위기 상황에서 부모에게 다가가는 것이 어려워 문제를 숨겨야 한다면 부모 이외의 다른 해결 방법을 찾아야 한다. 평소에 부모를 대신할 수 있는 좋은 친구가 있거나 터놓고 이야기를 나눌 수 있는 선생님과의 관계가 있다면 차선책이 될 수 있지만, 사회적 능력이 떨어져서 혼자 해결해야 한다면 좌절감이나 불안감에 쉽게 노출되어 문제 해결을 위한 시야가 좁아지게 된다.

전문가들은 회복탄력성은 다양한 요소들이 복합적으로 작용하여 만들어진다고 말한다. 예를 들면 안정감, 자아존중감, 자기 신뢰, 자신감, 친구 사귀기, 문제 해결 능력, 충동 조절력, 신앙 등이다. 이러한 요소는 부모와의 초기 관계에서 형성되는 것들이 대부분이다. 자녀에게 좋은 관계를 물려준다는 것은 단순히 자녀에게 좋은 추억거리를 만들어 주는 것 훨씬 이상이다.

자녀에게 자신감을 심어 주는 것은 물론, 부모와의 친밀한 관계를 통해 안정감을 누리고 위기 상황에서 다시 일어설 수 있는 탄력성을 제공한다. 무엇보다 부모 자신의 높은 회복탄력성은 자녀에게 좋은 모델로 대물림될 수 있다.

자신의 위기를 성공적으로 뛰어넘어 자신의 이야기로 회복탄력성을 소개한 에이미 모린(Amy Morin)은 어머니를 잃은 슬픔이 가시기도 전에 남편마저 잃어 좌절과 위기를 경험했지만, 주저앉지 않고 다시 일어선 자신의 경험을 세상에 알렸다.

부모들이 자신의 삶에서 이러한 수칙들을 적용한다면 자녀들이 위기의 상황에서 어떻게 삶을 살아가야 할지 간접적인 경험으로 배울 수 있다. 그녀는 마음이 강한 사람들의 삶의 특징들을 다음과 같이 소개하였다.

- 자기 연민에 빠져 시간을 낭비하지 마라.
- 타인에게 휘둘리지 마라.
- 변화를 두려워하지 마라.
- 통제할 수 없는 일에 매달리지 마라.
- 모두를 만족시키려 애쓰지 마라.
- 예측 가능한 위험은 피하지 마라.
- 과거에 연연하지 마라.
- 실수를 되풀이하지 마라.
- 다른 사람의 성공을 시기하지 마라.

- 한 번의 실패로 포기하지 마라.
- 홀로 있는 시간을 두려워하지 마라.
- 세상이 불공평하다고 말하지 마라.
- 즉각적인 결과를 기대하지 마라.

2

우리 아이에게 무엇이 유산일까?

유산이란 앞 세대가 물려준 소중한 사물이나 문화를 계승하는 것으로, 후대는 유산을 통해 과거의 정신을 기린다. 유산은 원상태의 보존이라는 기능을 포함하지만, 중요한 가치를 되새겨 정체성을 이어가는 의미도 포함한다.

부모됨,
그것이 유산이다

양육이란 자녀가 독립하기까지 성장 과정에서 경험하는 부모의 세계이다. 우리가 가지고 있지 않은 세계를 자녀에게 물려줄 수는 없다. 설령 준다고 해도 부모의 것이 아니라서 유산으로서의 가치가 없다. 좋은 양육은 부모의 사랑과 부모의 세계가 지닌 가치를 전달하는 유산이 분명하다.

부모가 된다는 것은 이전 세대와 자녀 세대를 연결하는 가교 역할을 포함한다. 이전 세대의 문화와 양육 방식을 그대로 자녀 세대에 물려줄 수도 있지만, 좀 더 나은 방식을 선택하여 새롭게 자녀에게 물려줄 수 있는 주체가 바로 부모이다. 그러므로 부모가 무엇을 선택하는가에 따라 자녀는 부모됨을 경험하고 부모 역할의 모델을 인식하게 된다.

부모는 자녀를 향한 책임이 있다. 매개 존재로서 부모의 위치는 자녀를 낳는 것으로 끝나지 않는다. 자녀가 스스로 독립할 때까지 양육해야 하는 책임이 뒤따르게 된다. 양육에는 육체적, 정서적 필요를 채우는 것뿐만 아니라, 가족 구성원 간의 건강한 관계를 통해 사회생활의 기초를 배울 수 있도록 돕는 것을 포함한다.

부모는 자녀가 올바른 가치관과 인격을 형성할 수 있도록 사회 규범, 도덕, 질서의 역할 모델이 되어야 한다. 효과적인 대화와 훈육은 자녀가 사회생활에 필요한 가치관과 세계관을 형성하는데 중요한 매체가 된다. '부모 되기는 쉬워도 부모 노릇 하기는 어렵다'는 말은 부모로서의 역할이 그만큼 단순하거나 간단하지 않다는 것을 반영한다.

아빠의 역할과 엄마의 역할을 구분하는 것이 과거에는 가정 내에서 성(性)에 따른 뚜렷한 역할 구분으로 이루어졌으나, 현대 사회는 상호 보완적이고 복합적인 부모 역할이 요구되고 있다. 그렇지만 아빠의 역할이 자녀에게 미치는 영향과 엄마가 자녀에게 미치는 영향은 차이가 있다.

가장 잘 알려진 아빠의 영향은 자녀가 사회성을 배울 수 있도록 돕는다는 것이다. 자녀의 사회성은 아빠뿐만 아니라 엄마의 역할도 동시에 작용하며 발달한다. 엄마가 자녀와의 교감을 통해 자녀에게 안정감과 신뢰감을 준다면, 아빠는 자녀와 놀아 주면서 사교성을 발달시키고 놀이 자체의 재미뿐 아니라 자녀를 가족 이외의 타인과 연결하는 다리의 역할을 한다.

또한 아빠는 자녀가 다양한 기술을 배우면서 성취감을 느끼도록 돕는다. 특히 자녀의 능력이나 재능을 발견하여 놀이에서 기술을 활용할 수 있도록 반응해 줄 수 있다.

아빠가 주의를 기울여 주고 격려하는 자극은 자녀의 인지 발달과 성취에 대한 동기를 높여 주는데, 이것은 자녀가 이후에 직업관이나 직업을 선택하는 동기 부여에 결정적 역할을 하게 된다. 아빠의 자녀 양육 참여에 대한 연구들을 살펴보면, 아빠와 자녀와의 교류 시간이 증가될수록 자녀의 인지 기능이 발달한다는 데 동의한다는 것을 쉽게 찾아볼 수 있다. [39)]

엄마의 영향은 자녀의 정서 발달을 도움으로써 자아 발달의 기초를 세워 주는 것이 가장 크다. 자녀의 정서 발달은 엄마 뱃속에서부터 시작한다. 임신을 통해 태아는 엄마와 직접적 연결 상태에 이르는데 엄마의 마음 상태에 따른 신체적, 생리적 변화(예: 스트레스 증가)는 태아의 생리 변화에 직접적인 영향(예: 심박동 증가 및 활동 증가)을 주게 된다.

그리고 생애 초기 엄마와의 관계는 자녀의 정서 발달에 핵심적인 역할을 한다. 하지만 만약 출생 후 육아를 아빠가 전적으로 맡게 된다면, 자녀의 정서 발달은 아빠의 영향을 받게 된다. 유아의 정서 조절 능력은 초기 주 양육자와의 애착 관계에서 형성되기에 그렇다.

엄마의 모성애는 자녀의 전반적인 발달에 매우 중요하다. 보울비가 주도한 세계보건기구(WHO) 연구[40]에 따르면, 고아원과 사회 보호 시설과 같은 모성 결핍의 환경에서 자란 아동들은 육체적 발달뿐 아니라 지적·사회적 발달이 모성애를 받은 아이들에 비해 훨씬 지체되었으며, 육체적·정신적 장애를 가지고 있는 확률이 훨씬 높았다.

모성애 결핍의 특징으로는 인간관계가 피상적이었으며, 감정 표현을 잘 못 하였고, 친구 사귀기를 어려워했으며, 책임을 전가하거나 핑계를 대며 문제를 회피하였고, 학교생활에서 집중력이 떨어지는 현상이 나타났다. 모성애를 받지 못한 아이들은 지성, 사회적 성숙도, 읽기, 말하기 등의 테스트에서 모두 낮은 점수를 받았다.

이처럼 부모의 역할은 자녀에게 강한 영향을 미친다. 부모에게서 받은 사랑의 경험은 자녀의 삶에서 자산으로 작용하기에 충분하다. 자녀를 육체적 정신적으로 건강하게 이끄는가 하면 인간관계를 풍부하게 만들고 다양한 지식 습득에도 우위에 위치할 수 있도록 돕는다.

무엇보다 건강한 양육의 유산을 받은 자녀가 성인으로 성장했을 때 몸에 밴 건강한 부모의 역할을 수행할 수 있다. 그렇다면 무엇을 어떻게 자녀에게 유산으로 전해 주어야 할까?

긍정 마인드와
좋은 태도의 유산

"아들! 똑바로 걸어야지. 왜 그렇게 어색하게 걷니?"

"멋지게 보이려면 옆으로 걷지 말고 똑바로 앞으로 걸어야지."

엄마 게가 아들 게에게 말하자 아들 게가 엄마 게에게 말합니다.

"나도 멋지게 걷고 싶어요. 엄마가 어떻게 하는지 보여주면 똑바로 걸어

볼게요."

"그래? 봐라, 이런 식으로 걷는 거야." 엄마 게가 오른쪽으로 가면서 말했

습니다. "아니다! 이런 식으로!" 이번에는 왼쪽으로 가면서 말했습니다.

그러자 어린 게가 웃으며 말했습니다. "엄마가 제대로 배우면 알려 주세

요!" 그리고는 어린 게는 엄마 곁을 떠나 놀러 나갔답니다.

이솝 우화에 나오는 '게' 이야기다. 부모가 보여주는 습관이나 태도
가 자녀에게 얼마나 큰 영향을 미치는지 교훈을 준다. 생활 태도는 어
린 시절부터 자리를 잡기 시작하고 성인이 되기까지 끊임없이 영향을
미친다.

생활 태도란 이미 자리 잡은 개인의 세계관에 바탕을 둔 행위 일
체를 말하는 것으로, 선택의 호불호, 언행 태도, 식습관, 수면 습관, 예
절, 성품 등 다양한 영역에서 눈에 보이는 행동으로 나타난다.

부모라면 누구나 자녀가 좋은 생활 태도로 살아가기를 희망한다.
아침에 일찍 일어나기를 바라고, 편식하지 않기를 바라며, 예의 바르

게 행동하기를 바란다. 소위 가정 교육이 잘 이루어져 남들에게도 좋은 모범이 되기를 희망한다. 하지만 자녀가 좋은 생활 태도를 보일지라도 행복하지 않다면 어떨까?

부모는 가정 교육을 잘 시켰다고 자부할지 모르지만, 자녀는 억지로 행동한 결과일 수 있다. 에너지 넘치는 어린 자녀가 밤늦게까지 놀기를 바라는 것은 당연한 발달 과정의 행동이다. 맛의 세계를 알아가는 자녀가 쾌와 불쾌가 분명한 어린 시기에 자신이 좋아하는 음식을 고집하는 편식 현상도 어찌 보면 자연스러운 현상이다.

어린 자녀들은 수면 시에 성장 호르몬이 분비되므로 일찍 자야 한다는 것이나 신체 발달을 위해 영양분을 골고루 섭취해야 한다는 것을 인지하지 못할 뿐만 아니라 관심도 없다. 그렇다고 부모로서 자녀가 원하는 대로 모든 것을 맞춰야 하는가? 결코 그럴 수 없다. 자녀의 행동을 통제하고 올바른 태도를 형성하도록 돕는 것은 부모의 책임이기도 하다.

부모가 가진 성숙한 생각과 자녀를 향한 사랑을 좋은 태도의 유산으로 물려주기 위해서는 좀 더 큰 그림을 볼 필요가 있다. 자녀의 미성숙한 태도 하나하나에 포커스를 맞추어 바로잡아 주는 잔소리가 많은 부모가 되기보다, 자녀 행동의 전체 방향을 긍정적으로 이끌어 주는 후덕한 부모의 모습을 갖추는 것이 좋다.

긍정적 생활 태도의 유산은 부모 자신의 긍정 마인드에서 출발한다. 긍정적으로 세상을 바라보는 시각을 물려준다는 것은 자녀에게 큰 축복의 유산이 아닐 수 없다.

트라우마 전문가 베셀 반 데어 콜크(Bessel van der Kolk)는 부모의 트라우마 경험으로 인한 다양한 장애 현상이 자녀에게 세대 간 유전될 수 있다는 과학적인 근거를 제시했다. [41] 자녀는 전혀 겪지 않았던 일인데도 불구하고 부모의 트라우마 영향이 전달될 수 있다는 의미다. 반대의 경우도 마찬가지다. 부모의 긍정적 태도와 긍정적 세계관은 자녀에게 얼마든지 전달되어 좋은 영향을 미칠 수 있다.

어떤 연구에서는 자녀가 부모와 함께 트라우마에 노출되었을 경우 부모가 어떤 태도를 보여주는가에 따라 자녀의 트라우마 결과가 달랐다. 부모가 트라우마 상황에서 침착하고 안정감 있는 태도로 자녀를 돌보게 되면 트라우마를 경험하더라도 정신적 충격으로 남지 않지만, 부모가 공황 상태에 빠지게 되면 아이들이 받는 충격은 심각한 정신적 흉터로 남을 확률이 높다.

그러므로 부모가 평소 가진 긍정적 태도는 위기 대처 방식에서 자녀가 안정감을 찾을 수 있도록 도울 뿐 아니라 자녀가 긍정적 태도를 이어받도록 돕는다. 그렇다면 어떻게 긍정성을 높여 긍정적 생활 태도를 자녀에게 물려줄 수 있을까?

먼저 부모 자신에 대한 긍정성을 확보해야 한다. 자신에 대한 긍정성은 자기 수용과도 일치한다. 나를 어떻게 평가하는가에 따라 나를 대하는 태도가 달라진다. 나를 긍정적으로 평가하려면 나를 '있는 그대로' 받아들이는 노력이 필요하다.

타인과의 비교를 통해 평가하기 시작하면 어떤 때는 자신감이 있다가 어떤 때는 쓸모없는 사람처럼 느껴져 혼란을 초래하기 쉽다. 그러므로 자기-수용은 비교를 멈추고 나를 있는 그대로 보는 시각이 형성될 때 가능하다.

자기 자신에 대한 긍정성이 준비되어 있다면 타인에 대해서도 긍정적으로 대하고 있는지 살펴야 한다. 타인을 긍정적으로 본다는 것은 단순히 타인을 좋게 평가하는 것을 넘어서 타인을 신뢰할 수 있는가를 포함한다.

나를 대하는 태도와 타인을 대하는 태도가 서로 다른 사람들이 많다. 자신에게는 엄격하면서 타인에게는 관대하든지, 자신에게는 관대하면서 타인에게는 완벽을 요구하기도 한다. 자기를 부정적으로 대하든, 타인을 부정적으로 대하든 부정성은 신뢰하지 못한다는 것을 말한다. 신뢰하지 못하면 완벽을 추구하게 되고 대상을 있는 그대로 수용하기 어렵다.

자녀에게 잔소리가 많고 완벽을 요구한다는 것은 그만큼 자녀를 신뢰하지 못한다는 의미다. 자신에 대한 수용과 마찬가지로 타인에 대한 수용도 타인을 있는 그대로 받아들일 때 가능하다. 자녀를 다른 아이들과 비교한다든지 또는 부모 자신과 비교하는 것은 자녀를 있는 그대로 바라보지 못하게 한다. 자녀를 있는 그대로 바라보고 수용할 때 장점도 보이고 자녀의 긍정성을 키워 줄 수 있다.

앞서 살펴보았듯이 애착 유형 중 자신과 타인에 대한 긍정성을 가지고 있는 유형은 안정형뿐이다. 안정형의 부모들은 공감력이 뛰어나고 자녀를 있는 그대로 수용하여 자녀의 자아존중감이 높다. 특히 자녀를 긍정적 시각으로 대하는 태도는 자녀가 사랑받는다고 느끼도록 도우며 자신을 지지해 주는 버팀목으로 부모를 신뢰하도록 만든다. 이것은 자녀의 긍정성을 발달시키는 역할을 한다.

자신이 가진 생각이나 창의적인 아이디어에 자신감을 가져다주기에 자녀는 그것을 자유롭게 시도하고 현실화시키는 힘을 얻는다. 긍정적인 생활 태도는 자녀들이 자유롭게 자신의 창의적인 의도와 생각을 행동으로 옮기고 타인으로부터 긍정적 평가를 받으며 자신에 대한 긍정성과 자신감이 강화되면서 만들어진다.

안정형 부모는 감정에 대한 조절력도 뛰어나 분노를 폭발하거나 불안으로 공황 상태에 빠지는 일이 거의 없다. 하지만 부모의 얼굴이 항상 일그러져 있는 모습과 짜증 섞인 욕설을 듣고 자란 아이들의 마음은 언제 부모의 감정이 폭발할지 몰라 항상 긴장하는 태도를 보인다.

이러한 부모의 부정적 생활 태도는 자녀들이 자신의 감정을 어떻게 조절해야 하는지 부모로부터 배울 수가 없게 만들고 자녀 역시 부정성을 답습하게 만든다.

그러므로 부모의 긍정적인 생활 태도는 자녀에게 줄 수 있는 좋은 유산이 될 수 있다. 어미 게가 옆으로 걸으면 새끼 게도 옆으로 걷듯이 부모가 행복하고 긍정적으로 생각하면 자녀 역시 긍정적인 생활 태도를 이어 갈 수 있다.

〈긍정적 생활 태도의 유산을 위한 실천〉
• 나는 스스로 긍정적인 사람이라고 느끼는가, 부정적인 사람이라고 느끼는가? 구체적으로 어떤 점에서 그러한지 생각해 보기

- 나를 있는 그대로 자신 있게 수용할 수 있는 좋은 모습은 무엇이 있는지 리스트를 적어 보기
- 나의 장점을 수용하고 남보다 부족하다는 생각을 뛰어넘어 보기
- 긍정과 행복은 내가 선택할 수 있는 권리라는 사실을 기억하기
- 자녀가 가진 긍정적인 생활 태도를 칭찬하기
- 나를 닮은 자녀의 좋은 모습을 발견해 보기

건강한 대화는
관계의 출발

성경은 대화에 대한 내용을 다룰 때 항상 '좋은 관계'를 목적으로 제시한다. 좋은 관계는 좋은 대화에서 시작하고, 대화의 변화는 곧 관계의 변화를 가져온다. 부모 자녀 간 관계가 어색하거나 갈등이 있다면, 지금까지 사용해 왔던 대화 방식의 변화를 시도하는 것이 좋은 해결이 될 수 있다. '대화'에 대한 성경의 일부 구절들을 소개한다.

- 듣기 전에 대답하는 자는 미련하여 수치를 당한다. _잠 18:13
- 다른 사람의 말은 빨리 듣고, 자신의 말은 천천히 하십시오. 쉽게 화를 내지 말기 바랍니다. _약 1:19
- 사람은 대답하는 말을 듣고 기쁨을 얻나니, 적절하게 맞는 말을 하는 것이 얼마나 값진 일인가? _잠 15:23

대화는 부모와 자녀를 이어 주는
핵심적인 역할을 하기에 자녀의
대화 세계를 이해할 필요가 있다.
아울러 부모는 올바른 대화를 통해
자녀의 대화 세계가 건강한 인간관계로
이어질 수 있도록 도와야 한다.

- 부드러운 대답은 화를 가라앉히지만 과격한 말은 분노를 일으
  킨다. _잠 15:1
- 아버지는 자녀들의 마음을 상하게 하거나 화를 돋우지 말고, 주
  님의 훈계와 가르침으로 잘 키우십시오. _엡 6:4

현대 사회처럼 스마트폰 같은 개인 기기가 발달한 상황에서는 사
람들이 서로 얼굴을 보며 대화하기보다 통신 기기를 매체로 대화를
주고받는 것을 더 편하게 느낀다. 특히 청소년들은 자신들만의 통신
언어를 사용하여 부모들이 알아듣지 못할 때가 많다.

하지만 대화는 부모와 자녀를 이어 주는 핵심적인 역할을 하기에
자녀들의 대화 세계를 이해할 필요가 있다. 아울러 부모는 올바른 대
화를 통해 자녀의 대화 세계가 건강한 인간관계로 이어질 수 있도록
도와야 한다.

대화는 말의 내용보다 말하고자 하는 의미를 올바로 전달하는 방
법과 태도가 더 중요하다. 오해가 생기고 관계가 흐트러지는 대화 실
패의 원인 중 하나는 말의 의미를 잘못 전달했거나 잘못 이해했기 때
문이다. 자녀가 걱정되어 한 말이지만 자녀를 비교하는 말을 쏟아 낸
다면, 말의 전달 방법이 효과적이지 못한 것이다. 자녀가 부모의 말에
성의 없이 반응하는 태도를 보이는 것도 관계를 흐트러트리는 원인이
될 수 있다.

미국 UCLA대학 심리학 교수 알버트 매라비언(Albert Mehrabian)은
부모-자녀 관계에서 흔히 나타나는 대화 상황에 대한 의미 있는 결과

를 제시했다.[42] 그는 '좋은지 싫은지'를 표현해야 하는 대화 상황에는 3가지 요소가 비례적으로 작용한다고 말한다. 말의 내용, 목소리 톤, 그리고 얼굴 표정과 제스처가 그것이다.

그에 따르면, 대화에서 말의 내용 자체는 다른 요소들에 비해 큰 영향을 미치지 못해 7%의 효과를 기록했다. 그에 비해 목소리 톤은 38%, 그리고 얼굴 표정이나 제스처 같은 시각적 요소가 대화에서 감정에 미치는 영향은 무려 55%에 달했다.

따라서 자녀와의 갈등 상황에서 대화에 실패하는 이유는 부모와 자녀 사이에서 오가는 말 자체보다, 말을 전달하는 방법이나 태도가 감정을 더욱 부추기는 데 있다. 부모 앞에서는 한마디도 할 수 없도록 만드는 강압적인 태도나 분노 섞인 목소리는 자녀의 감정을 상하게 만든다. 부모를 비웃는 듯한 입꼬리, 회피하는 태도 같은 것 역시 부모의 감정을 부추긴다.

그러므로 좋은 대화의 유산은 말의 전달도 중요하지만, 좋은 목소리 톤을 사용하고 좋은 표정과 제스처를 자녀에게 보여주어 말의 내용 속에 숨어 있는 부모의 진심과 사랑을 물려주는 것에서 시작한다.

우리는 부모의 평소 말보다 자상한 아빠의 얼굴, 부드러운 엄마의 목소리를 더 기억한다. 마음의 상처 역시 자녀를 대하는 부모의 평소 태도가 말과 함께 기억에 남는 것이다.

언어철학자 폴 그라이스(Paul Grice)는 건강한 대화를 하려면 4가지 실천 원칙(maxim)이 지켜져야 한다고 말했다.[43] 첫째는 질(質)의 원칙이다. 대화는 본질적으로 진실해야 하며 거짓말을 하지 않아야 한다.

타당한 증거가 없다면 말하지 않는 것이 좋다. 자녀에게 말할 때 부모가 짐작으로 자녀를 의심해서도 안 되며, 다른 사람의 말만 믿고 자녀를 단정 지어서도 안 된다. 자녀는 잘못한 것에 대해 부모에게 거짓말을 해서도 안 된다. 건강한 대화는 진실에 근거한 신뢰를 전제하기 때문이다.

둘째는 양(量)의 원칙이다. 대화에 요구되는 정보가 필요 이상으로 많거나, 대화에서 오해를 일으키고 말의 의미가 전달되지 못할 만큼 정보가 부족해서도 안 된다. 청소년기의 경우 어떤 부모는 필요 이상 자녀에게 잔소리를 하는 반면에, 자녀는 말을 하지 않아 부모가 답답하여 갈등이 일어나기도 한다.

만약 대화에서 부모 자신이 말이 많은 편이라면 말을 아끼고 듣는 시간을 할애하는 것이 좋다. 반대로 핵심만 이야기하는 짧은 대화 특징을 가지고 있다면, 상대방을 위해 좀 더 말하고자 하는 의도를 설명하는 배려를 잊지 않아야 한다. 필요 이상 말이 많으면 실수를 저지르기 쉽고, 말이 없으면 상대방은 추측으로 이해하게 되어 오해를 사기 쉽다.

셋째는 관련성의 원칙이다. 대화할 때는 주제와 서로 연결되어 관련성이 있어야 한다. 대화의 흐름이 가족 여행이면 가족 여행에 대한 주제들이 대화에서 오가야 한다. 여행을 이야기하고 있는데 갑자기 성적이 그 모양이냐고 주제와 상관없는 이야기가 불쑥 튀어나오면, 대화는 갑자기 싸늘해질 수밖에 없다.

마지막은 방법의 원칙이다. 대화는 말을 논리적이고 분명하게 전달해야 건강하고 올바른 대화를 이룰 수 있다. 대화하는데 모호한 표현이나 얼굴 표정으로 속내를 표시하여 눈치껏 알아들으라는 식의 방법은 좋지 않다.

대화할 때 눈을 맞추며 말하는 것은 대화가 훨씬 분명해지도록 돕는다. 부모와 자녀가 서로 눈을 마주치며 대화하는 것은 대화를 넘어서 관계의 친밀감도 높일 수 있다. 무엇보다 분명하고 논리적으로 표현해야 대화에서 설득력을 가질 수 있고 대화에 집중할 수 있다.

놀랍게도 성인의 애착 유형은 폴 그라이스의 4가지 원칙에 따라 나뉜 유형들이기도 하다.

안정형은 4가지 실천 원칙이 조화를 이룬다. 안정형의 성인은 기억이 불필요한 감정과 뒤섞이지 않아 기분 좋은 대화를 이어갈 수 있고 진실한 질적 특징을 가진다. 말이 필요 이상 많지도 않고 적지도 않다. 대화의 주제가 일관적이고, 분명하게 자신의 생각을 설명하여 상대방과 집중력 있는 대화가 가능하다. 안정형의 부모가 자녀와 행복한 관계를 유지하고 발달시켜 갈 수 있는 바탕은 이러한 대화의 특징이 역할을 하기에 가능하다.

반면에 불안정 회피형의 경우 다가올 미래의 불안을 대비하는 데 신경 쓰느라 과거 기억을 쉽게 잊는 특징이 있다. 분명한 과거 기억이 토대가 되지 않다 보니 앞뒤가 맞지 않아, 대화의 질(質) 또는 진실성이 떨어지기 쉽다. 거짓말하려는 의도는 없을지라도, 부실한 기억의 토대로 인해 상대방은 마치 거짓말을 하는 것처럼 인식하게 되어 대화의 질적 원칙을 무너뜨린다. 말수가 적고 핵심만 이야기하는 경향으로 차갑게 느껴지다 보니 상대방이 멋쩍어하거나 오해하기 쉽다. 회피형의 대화에서 감정의 소통은 찾아보기 어렵다.

불안정 불안형은 과거 기억이 사건과 함께 감정으로 뒤섞여 세심하게 기억하는 특징이 강하다. 대부분 서운하거나 불공평한 감정들이 많다. 처음에는 좋게 대화를 하다가 갑자기 감정으로 치달아 옛 사건들을 들추는 것은 그 감정과 관련된 과거 사건들이 되살아나기에 그렇다. 결국 불안형은 필요 이상 말이 많아져 양의 원칙이 무너지고 대화의 흐름이 엉뚱한 방향으로 흘러 관련성의 원칙이 지켜지지 못한다.

대화는 우리의 기억과 관련성이 깊다. 안정감 있고 행복했던 기억들과 불안하고 서운했던 기억들이 대화에서 서로 다른 방식으로 싸우는 것이다. 안정형이라고 좋은 경험만 있고 불안정형이라고 나쁜 기억만 있는 것이 아니다. 기억을 처리하는 방식이 어떻게 유형화되었는가에 따라 서로 다른 대화를 이끌어 내는 것이다.

그렇다면 건강한 대화의 유산을 자녀에게 물려주기 위해 불안정 유형의 부모들이 대화에서 실천할 수 있는 유익한 실천 사항은 어떤 것들이 있을까?

〈회피형 부모에게 좋은 실천〉
- 감정을 공감하기 위해 감정 단어들을 대화에 적극적으로 사용해 보기(예: 그런 일이 있어서 서운했구나! 그 말을 들으니 아빠도 무척 기쁘구나! 등)

- 대화에서 자신보다 자녀의 상황과 이야기 속으로 들어가기
- 핵심만 말하는 대화를 탈피하기
- 자녀와 과거의 좋은 추억을 떠올려 이야기해 보기
- 잔소리하지 않기

〈불안형 부모에게 좋은 실천〉
- 감정에 압도되지 않도록 조심하기
- 한 가지 주제에 집중하고 주제에서 벗어나지 않도록 유의하기
- 현재를 과거의 상황과 연결시켜 말하지 않도록 주의하기
- 잔소리하지 않기

〈아빠가 지켜야 할 사춘기 대화 실천〉
- 화가 난 상태로 대화하지 않기(상처를 남기게 된다)
- 술 마시고 대화하지 않기
- 식사 시간에 훈계하지 않기
- 고정된 성 역할은 버리고 자녀의 감정에 집중하기
- 딸에게는 스킨십도 농담도 적정 수준을 넘지 않도록 조심하기

(대한민국 여성가족부 자료 참조)

공감력의 원천,
친밀감도 유산이다

아내가 남편에게 말했다.

"여보, 당신 바쁜 건 알겠는데 애들한테 관심 좀 가졌으면 좋겠어요. 내가 아이들과 시간을 보내는 거랑 아빠가 함께하는 거는 다르잖아요!"

남편이 미안해하며 큰마음을 먹고 시간을 내기로 했다. 그리고 아이들에게 이렇게 말한다.

"얘들아, 이번 주말에 우리 낚시하러 가자!"

현대 사회를 '회피적 사회, 자폐적 사회'라고 말한다. 점점 자기중심적인 특성이 강하고 간섭받는 것을 싫어하며 다른 사람의 일에 상관하지 않는 현대인의 고립적인 특징을 두고 나온 말이다. 가족 내에서도 각자의 삶을 살기에 바쁘다 보니, 가족의 일정을 맞추기도 어렵고 서로 얼굴을 보는 시간도 짧아졌다.

남을 돕는 것이 좋은 일인 것은 알지만 나에게 해가 될까 두려워 상황을 피하는 모습도 종종 경험한다. 학교에서 자녀들이 따돌림 문제로 힘들어할 때 따돌림을 당하는 친구를 돕기보다, 자신의 일에 집중하며 방관하는 것도 같은 맥락이다.

하지만 누군가 자신을 공감해 주고 좋은 관계를 통해 친밀감을 느끼기 원하는 것은 모든 사람이 바라는 마음이다. 친밀감은 사회가 회피적 성향이 강해질수록 공허한 마음을 채워 줄 수 있는 통로 역할을 한다. 그러므로 자녀와의 좋은 관계를 통해 친밀감을 유산으로 남겨 주는 것은 회피적 사회에서 고립되지 않고 행복한 마음을 유지하도록 돕는 자산이 된다.

인간관계에서 공감을 통해 자신의 존재를 이해받는 것은 인간의 본질적인 속성이다. 그래서 친밀감은 공감을 통해 만들어지는 관계적 감정이다. 부모-자녀 사이의 친밀감은 오로지 공감을 통해서 만들어진다. 친밀해지기 위해서는 상대방이 보내는 신호에 반응해야 하는데, 그 신호가 무엇인지 제대로 이해하고 느끼는 과정이 바로 공감력이다.

신비하게도 우리 두뇌는 공감하기에 최적화되어 있다. 우리 몸 전체에 둘러 있는 감각 기관은 외부에서 일어나는 신호와 자극을 끊임없이 받아들이고, 두뇌는 그것을 이해하고 느끼면서 환경 또는 타인과의 관계를 이어 간다.

레몬즙을 마시고 있는 사람을 내가 지금 보고 있다고 가정해 보자. 우리는 상대방이 지금 어떤 맛을 느끼고 있는지, 몸에서는 어떤 반응이 일어나는지 직접 맛보지 않아도 이해할 수 있다. 그리고 보는 자극만으로도 나도 모르게 실제로 신맛을 느끼듯 얼굴이 찌푸려지고 입에 침이 고인다. 관찰하는 것만으로도 상대방과 똑같이 느끼고 이해하기 때문이다.

이런 반응이 자연스럽게 일어나도록 우리 두뇌는 '거울 신경(mirror neuron)'이라는 시스템을 가지고 있다. 거울 신경은 마치 '거울처럼 반영하는' 특정 신경 세포의 역할때문에 붙여진 이름이다. 우리가 다른 사람의 행동을 관찰할 때 이 신경 시스템이 작동하는데 모방, 언어 습득, 공감 등의 상황에서 핵심적인 역할을 한다.

우리는 상대방의 행동을 보면서 그 사람 마음속에 어떤 의도 또는 계획이 있는지, 욕구는 무엇인지, 어떤 감정을 느끼고 있는지 이해하려 한다. 행동을 보고 그 사람 마음속을 추측하고 나의 마음과 비교한다. 관찰을 통해 그 사람을 이해하고 느껴 보려는 자연스러운 반응이다.

타인의 행동이 이해가 되지 않을 때는 '저 사람은 왜 저런 행동을 할까?'라는 질문을 던지며 상대의 마음에 대해 나름대로 가설을 세우기도 하는데, 이런 인간의 심리 작용을 심리학에서는 '마음의 이론 (theory of mind)'이라고 부른다. 마음의 이론은 내 마음이 다른 사람의 마음과 다르다는 것을 깨달아 인간관계가 가능하게 만드는 정신 능력이다.

알 수 없는 사람의 마음을 나름대로 이론화하여 관계를 맺고 유지하기에, 개인이 가진 마음의 이론이 정확하고 타당할수록 공감력이 높고 친밀한 관계를 맺을 수 있다. 그리고 이러한 마음의 이론에 결정적으로 관여하는 두뇌 시스템이 바로 거울 신경이다.

하지만 사람에 따라 상대의 마음을 읽어 내는 추론 능력이 달라 타인을 이해하지 못하고 공감이 전혀 일어나지 않을 수도 있다. 사람의 속마음을 안다는 것은 결코 쉬운 일이 아니다. 사람의 행동으로 보이는 것들은 속마음을 알 수 있는 지극히 일부분에 해당하기에, 단편적인 행동만 보고 단정한다면 인간관계의 실수를 피하기 어렵다.

무엇보다 상대방의 마음을 이해한다는 것은 내가 지금까지 인간

관계를 통해 경험한 이해의 바탕에서 이루어지기에, 나의 마음을 타인으로부터 이해받은 경험과 내가 타인을 제대로 공감한 경험이 부족한 경우 상대방의 마음을 이해할 수 있는 폭은 좁아질 수밖에 없다.

그러므로 자녀의 행동에서 나타나는 신호와 자극을 부모가 얼마나 제대로 이해하고 느끼는가에 따라 공감의 질과 친밀감의 깊이가 달라진다. 애석하게도 모든 부모가 자녀와 친밀한 관계를 맺고 있는 것은 아니다.

어떤 부모는 자신이 공감을 잘 한다고 말하지만, 자녀는 전혀 그렇게 느끼지 못하는 경우도 많다. 자녀의 행동을 바라보는 부모의 마음의 이론이 올바르지 않고 독선적이라면 자녀에 대해 공감을 잘하기가 어렵다.

자녀와 친밀감을 형성하는 방법도 부모 자신의 마음 상태에 따라 각기 다르다. 때로는 부모가 자신의 세계에 갇혀 자녀와 전혀 공감을 이루지 못하고 오히려 거리를 두는 것을 편하게 느끼는 부모도 있다.

지나치게 독립성을 강조하는 부모는 자신의 태도와 생활 방식을 자녀에게 강요하는 모습이 두드러진다. 부모가 공감할 줄 모르기에 자녀가 부모에게 다가와 친밀하게 행동해도 어떻게 반응해야 할지 몰라 어색하게 행동한다.

반대로 지나친 집착을 공감으로 여겨 자녀와 친밀하다고 착각하는 부모도 많다. 그들은 자녀의 마음을 잘 안다고 말하며 자녀와 밀착된 관계를 추구한다. 하지만 자녀가 부모의 집착하는 태도에 부담감을 표현하면 자신의 열정에 대한 배신감을 자녀에게 느끼기도 한다.

부모가 독립적인 면은 부족하고 관계 의존적인 특성이 강한 경우에 흔히 나타난다.

건강한 공감이 이루어지는 부모-자녀 관계는 지나치게 독립적이지도 의존적이지도 않아야 한다. 자녀가 독립성이 필요한 순간에는 스스로 그 순간을 헤쳐 가도록 도와야 하며, 도움이 필요하다고 판단되면 부모의 지지를 받고 성장할 수 있도록 공감의 현장에서 취해야 할 부모의 태도가 구별되어야 한다. 무작정 부모의 생활 태도를 강요하며 자신의 모습을 따라오도록 요구하는 것도 아니며, 자녀에게 밀착하여 자녀의 모든 것을 알아서 처리해 주는 부모의 모습도 아니다.

이처럼 자녀와의 공감 과정을 통해 친밀감을 만들어 가는 것이 중요한 이유는 자녀가 부모와의 공감 과정을 통해 인간관계에서 발생하는 불편한 감정들과 상처를 이겨 낼 수 있는 정서적 면역력을 기를 수 있기 때문이다. 그리고 타인의 마음을 살펴 공감할 줄 아는 자녀로 성장하도록 돕기 위해서다. 그렇다면 공감력이 강한 부모의 특징은 어떤 것이 있을까?

- 자녀가 보이는 유머에 크게 반응한다. 공감 결여의 특징은 웃겨도 웃지 않는다.
- 자녀를 도와야 할 때와 스스로 할 수 있도록 지켜보아야 할 때를 잘 안다.
- 자녀를 말로 가르치려 하기보다 경험으로 느끼도록 돕는다.
- 긍정적이고 웃음이 많다.

• 분노, 불안과 같은 감정을 잘 조절한다.
• 직관적이기보다 전후 사정을 살펴서 자녀를 이해한다.

〈친밀감의 유산 실천법〉
• 부부의 친밀한 모습은 친밀감 형성의 본이 되는 실천이다.
• 나의 경험에 비추어 자녀 행동을 이해하고 판단하지 않기
• 최근에 느끼는 주요 감정은 어떤 것이 있는지 나열해 보기
• 친밀감을 느끼는 상황은 주로 어떤 상황인지 묘사해 보기
• 자녀가 요즘 느끼는 감정은 어떤 것이 있는지 나열해 보기
• 자녀가 친밀감을 느끼는 상황은 주로 어떤 때인지 묘사해 보기
• 거울 앞에서 웃는 모습에 익숙해지기
• 생활 속 작은 즐거움에서 웃어 보기
• 자녀와 단둘의 시간을 갖기

스킨십은 자녀 웰빙
특약 보험

자연계에 존재하는 천연 원소는 모두 92종이다. 인간이 만들어 낸 합성 원소까지 더하면 2022년 기준 118종에 이른다. 이 중에서 인간 몸을 분석하면 대략 60여 가지 원소들이 검출되는데, 인체에 해롭거나 불필요한 원소들을 제거하면 29종의 원소들이 남는다. 이 원소들

은 제각기 인체에 필요한 기능이 있기에 몸의 각처에서 필요하다. 특히 뇌에서 만들어진 신경 전달 물질은 특정 원소들을 몸의 각 부분으로 보내기까지 한다.

부모-자녀 관계에서 피부 접촉이 중요한 이유는, 접촉이 뇌에 자극을 주게 되어 뇌에서 발생하는 이로운 요소들의 생산을 자극하기 때문이다. 뇌에서 만들어지는 각종 호르몬과 기타 물질들은 우리가 환경에서 어떤 자극을 받는가에 따라 다른 물질들을 만들어 낸다.

당연히 좋은 자극을 받으면 우리의 육체와 정서에 좋은 영향을 주는 물질들을 만들어 내지만, 불안이나 공포를 일으키는 나쁜 자극을 받으면 좋지 않은 영향과 관련된 호르몬이 분비된다. 특히 친밀감을 일으키는 접촉은 인간의 육체와 정서에 좋은 영향을 준다.

캐나다 소아협회는 '캥거루 케어'에 대한 연구에서 접촉이 미숙아에게 어떤 영향을 주는지 다루었다.[44] 캥거루 케어란 미숙아에게 엄마의 피부와 맞닿는 접촉 기회를 정기적으로 제공하는 돌봄을 말한다.

연구에서 캥거루 케어로 인한 엄마와의 접촉이 미숙아의 심폐 기능과 체온을 안정시키는 역할을 하였으며, 엄마와 접촉하는 동안에는 마치 깨어있는 상태와 같이 얕은 잠에서 나타나는 수면 패턴인 REM 수면이 줄어 아기의 수면 시간이 증가했다고 보고한다.

노스캐롤라이나 주립대학에서는 폐경 전 여성들을 대상으로 안아주기(hug)와 혈압, 심박수, 옥시토신 수준과의 관계를 측정하였다.[45] 연구에서 남편 혹은 파트너와 포옹을 많이 하는 여성일수록 혈압이나 심박수가 낮은 반면에 옥시토신 수준은 높아, 포옹이 적은 여성들보다 육체적으로나 심리적으로 더 건강하다고 보고했다.

아이든 어른이든 접촉은 모두에게 필요하다. 우리의 몸은 본능적으로 접촉을 원하고 마음에서는 서로 가까이하려는 친밀감을 원한다. 이것은 인간의 본질이 관계적 존재라는 사실을 나타낸다. 부모-자녀 관계에서 접촉은 자녀의 육체 발달과 정서적인 안정뿐만 아니라 자녀가 느끼는 자기-감정과 정체성에도 영향을 준다.

교류 분석이라는 심리학 이론에서는 인간관계(교류)의 기본 단위로서 '스트로크'라는 개념을 사용하는데, 부모가 자녀를 쓰다듬거나 안아 주는 접촉 행위를 '신체적 스트로크'라고 부른다. 이러한 행위는 자녀를 인정하는 자극이라 하여 '인정 자극'이라고 부르기도 한다.

자녀를 칭찬하며 머리를 쓰다듬어 주거나 사랑으로 안아 주는 인정 자극은 자녀가 긍정적인 정체성을 만들고 자기에 대하여 좋은 감정을 느끼도록 만든다. 반면에 자녀를 깎아내리고 신체적인 학대를 가하는 부정적인 스트로크는 자아존중감이나 자신감을 떨어뜨리는 결과를 얻게 한다.

인간은 평생 삶에서 긍정적이든 부정적이든 스트로크를 주고받으며 살아간다. 부모의 인정 자극이 쌓여 자녀가 긍정적인 스트로크에 익숙해지면 자기의 생각이나 행동에 자신감을 가질 수 있어, 창의성과 탐구력이 뛰어난 사람으로 성장할 수 있다.

만약 가족을 벗어나 친구나 선생님과의 관계에서도 인정 자극이 유지된다면 자녀는 인간관계에 자신감이 붙고 정체성이 확고하게 자리를 잡는다. 단순한 접촉이 아니라 인정 자극의 접촉은 자녀의 웰빙

접촉은 인간 발달 과정에 따라
대상과 방식이 달라진다.
문화에 따라 서로 다른 차이를
보이기도 한다. 가장 많은 신체적 접촉이
이루어지는 발달 단계는 단연코
영아기와 유아기이다.

을 만드는 힘이 있다.

접촉은 인간 발달 과정에 따라 대상과 방식이 달라진다. 문화에 따라 서로 다른 차이를 보이기도 한다. 가장 많은 신체적 접촉이 이루어지는 발달 단계는 단연코 영아기와 유아기이다. 자녀가 어릴수록 손이 많이 가고 접촉의 양이 많다.

어린 아기에게 접촉은 안정감과 면역 기능에 깊이 관여한다. 특히 영아기에 이루어지는 접촉은 뇌의 정상적인 발달과 질병에 걸리거나 사망 확률을 낮추는 역할을 하기에, 생존에 필수적인 요소이다.

영유아기 접촉은 아동의 신체적 발달과 함께 정서적인 안정을 촉진하는 역할을 한다. 부모와의 스킨십이 잦은 아동일수록 안정감을 바탕으로 건강한 신체 발달을 이룰 수 있다는 의미다. 아동은 접촉을 통해 안정감을 느끼기 원한다. 엄마의 촉감, 엄마의 냄새, 엄마의 체온 등은 아동이 엄마와 접촉할 때마다 확인하고 싶은 안정감의 증거물들이다.

하지만 아동이 접촉을 원할 때 엄마가 무표정으로 접촉을 막으면 아동은 불안감을 느끼기 시작한다. 그리고 아동의 몸에서는 스트레스 호르몬이 분비되고 근육이 경직되는 반응을 보인다. 접촉이 안정감과 깊이 관여하고 있다는 것은 동물 실험을 통해서도 밝혀졌다. 미국의 심리학자 할로우(Harry Harlow)는 어린 원숭이를 어미로부터 분리하여 모성의 접촉이 얼마나 중요한지 실험했다.

할로우는 실험에서 철사로 만든 두 마리의 가짜 어미 원숭이를 만들었다. 그리고 그 중 한 마리는 우유를 먹을 수 있는 장치를 해 놓았

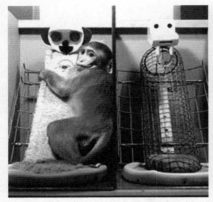

할로우의 모성 접촉 실험

지만 앙상한 철사로만 원숭이 형태를 만들어 놓았다. 다른 한 마리는 비록 우유를 먹을 수는 없지만 철사 몸통 위에 부드러운 천을 입혀놓아 접촉이 부드럽게 만들어 놓았다. 그리고 어린 새끼 원숭이가 어떻게 반응하는지 살펴보았다.

놀랍게도 새끼 원숭이는 우유를 먹어야 할 때를 제외하곤 부드러운 천이 덮인 가짜 어미 원숭이에게 항시 달라붙어 있었다. 그리고 혼자서 놀다가도 놀라거나 위험을 느끼면 어김없이 부드러운 천이 덮인 어미 원숭이에게 달려가 안정감을 구했다.

접촉을 통해 안정감을 구하는 것은 사람뿐만 아니라 동물의 행동에서도 관찰되는 현상이라는 것을 알 수 있다. 자녀가 언제든 엄마에게 달려가 안길 수 있다는 것은 아동의 입장에서는 마치 안정감을 보장하는 보험과 같다.

어린 자녀가 부드러운 이불이나 애착 인형을 고집하는 이유도, 만질 때마다 느끼는 부드러움이 엄마에게서 느꼈던 감촉과 따뜻함 그리고 안정감을 보장하기 때문이다. 스킨십으로 사랑을 표현하는 부모, 언제든 두 팔 벌려 달려갈 때마다 마음껏 안길 수 있는 부모가 어린 자녀들에겐 최고의 부모인 것이다.

자녀가 성장할수록 신체적 접촉의 빈도는 줄어드는 것이 일반적이다. 그래서 청소년 자녀들과의 신체적 접촉 빈도는 유아기나 아동기에 비해 현저하게 줄어든다. 하지만 접촉이 줄어들었다기보다는 접촉의 대상과 방식이 바뀌었다고 보는 것이 옳다.

청소년기의 경우 부모와의 접촉은 줄어들 수 있지만, 친구들이나 문화 세계와의 접촉은 늘어난다. 그 이유는 유아기나 아동기는 부모의 돌봄이면 안정감을 채우는 데 충분했지만, 청소년기는 사회에서 자신의 존재가 인정받는 소속감이 확보되어야 안정감을 느끼기 때문이다. 청소년기는 부모로부터의 독립을 준비하기 위해, 자연스럽게 친구나 사회 문화와 같은 주변 환경으로 접촉의 대상과 방향을 바꾸어 안정감을 확보하는 시기이다.

청소년 자녀들이 가족들과의 약속보다 친구들과의 약속이나 시간을 더 중요하게 여기는 것이나, 외모에 집중하여 타인에게 자신이 어떻게 보이는지 신경 쓰는 것이나, 혹은 문화 콘텐츠에 관심을 집중하는 것은 접촉의 범위를 넓히기 위한 행동 변화의 하나이다. 그리고 이러한 행동 변화는 두뇌의 발달과 함께 자연스럽게 나타나는 현상이기도 하다.

청소년기 두뇌는 주의 집중이 대상에 머무르기보다 대상과 주변과의 관계를 나타내는 '맥락'에 집중하는 강한 특징을 보인다. EBS가 청소년과 성인을 대상으로 실시한 '맥락민감도 검사'에 따르면, 청소년이 성인보다 두 배 이상 강한 맥락에 대한 민감성을 보였다.

다시 말하면 청소년기에 나타나는 접촉의 변화는 자연스러운 인간 발달의 특징이지, 부모에 대한 사랑이 식어서 나타나는 현상이 아니라는 것이다. 그렇다면 청소년기 부모들은 자녀들을 어떻게 도울 수 있을까?

첫째, 이전 같지 않은 자녀의 행동에 서운해하기보다는 그만큼 성장했다는 보람을 가질 필요가 있다. 청소년 자녀와 깊은 대화를 나누다 보면 그들은 자신도 왜 마음이 이런지, 공부는 하고 싶은데 왜 집중이 안 되고 자꾸 딴생각이 드는지 잘 모르겠다고 말하는 것을 듣게 된다. 생리적인 변화를 적용하고 있는 과도기에 있다는 뜻이다. 그러므로 자녀의 생리적 변화를 부모가 심리적으로 받아들이게 되면 자녀는 혼란이 가중될 뿐이다.

둘째, 청소년이라 할지라도 부모 눈에는 여전히 돌봄이 필요한 어린 자녀일 뿐이다. 하지만 청소년이라면 아동기 자녀를 대하듯 관계하기보다는, 좀 더 성인과 같이 대하는 부모의 태도 변화가 필요하다.

사춘기 자녀들이 가장 싫어하는 부모의 태도 중 하나는 자신을 어린아이 취급하는 말이나 태도이다. 변성기가 오고, 월경이 시작되는 등 신체가 엄마 아빠와 같이 변하는 자신을 발견하면, 자녀들은 이제 나도 어른이 되었다는 생각을 하게 된다. 자연스럽게 자동차나 화장

품과 같은 성인의 관심사에 관심을 갖기 시작하고, 심지어 술이나 담배에 기웃거리기도 한다.

그리고 어린 시절의 잔재들(장난감, 어린 티가 나는 옷 등)을 제거하기 시작하는데, 부모와의 관계에서도 명령-하달 식의 어린이를 다루는 부모의 태도를 제거하고 싶은 것이다.

그러므로 부모들은 자녀의 성장과 발달이 가져다주는 변화에 맞추어 접촉의 방식을 바꾸는 지혜가 필요하다. 신체적 접촉이 감소된 만큼 심리적 접촉이 중요한 때이다. 자녀의 행동을 이해하고 혼란스러울 마음을 함께 나누는 부모의 심리적 접촉은 청소년 자녀들이 자신의 정체성을 발견하고 독립을 준비할 수 있도록 돕는 중요한 요소가 된다.

〈접촉의 유산을 위한 실천〉
- 잘한 행동에 대해서는 분명한 칭찬과 함께 접촉 시도하기
- 접촉과 함께 "우리 아들(딸) 사랑해"라고 말해 주기
- 자녀가 즐거워하는 활동으로 시간 보내기
- 훈육할 때는 타당한 이유를 꼭 설명해 주기
- 자녀의 관심사에 관심 가지기(청소년)
- 자녀의 행동 변화를 자녀의 입장에서 이해해 보기(청소년)

균형과 조화를 이루는
항상성

우리 신체는 최적의 상태로 생명을 유지하기 위해 일정한 체온을 유지한다. 날씨가 추워지거나 더워진다고 해서 체온이 그 때문에 바뀌지는 않는다. 약간의 오차 범위가 있지만 36.5도라는 일정 온도를 유지하며 균형을 맞추어야 건강하게 살아갈 수 있다.

만약 감염이나 외상 등으로 균형이 깨지면 몸은 다시 균형을 맞추기 위해 사투를 벌인다. 이같이 주변의 환경 변화에 상관없이 일정한 균형 상태를 유지하려는 최적화 현상을 '항상성(homeostasis)'이라고 부른다. 균형과 조화를 유지하려는 항상성은 신체에서만 필요한 것이 아니다. 우리의 생활이 건강하게 유지되기 위해서는 항상성 같은 균형과 조화가 필수적이다.

돈을 버는 경제생활에 지나치게 치우쳐 자녀를 돌보는 가정생활을 소홀히 하면 그에 따른 불균형의 고통이 따라온다. 경제적으로 여유가 있을지는 모르지만, 자녀와의 관계에서 갈등을 겪기 쉽다. 반대로 직장은 생각하지 않고 너무 가정 중심으로 생활하면 직장생활에 어려움을 겪을 수 있다.

어떤 사람은 타인과의 조화를 생각하지 않고 내 것만을 챙기는 이기적인 생활 습관으로 인간관계에서 어려움을 겪는다. 반대로 어떤 사람은 자기 돌봄은 항상 뒷전이고 타인 중심으로 생활하여 몸이 상하거나 마음에 상처를 받기도 한다.

이들은 모두 불균형이 가져오는 현상이다. 불균형은 우리의 삶에서 일어나는 크고 작은 위기에 취약하게 만든다. 위기는 갑작스럽게 찾아오기도 하지만, 삶의 균형이 깨진 상태에서 반복적인 갈등으로 일어나는 위기는 만성화되는 특징을 가진다.

그러므로 자녀에게 삶의 균형과 조화를 이루는 부모의 모습을 보여주는 것은 자녀가 균형 잡힌 삶을 살아갈 수 있도록 돕는 모델이 되며, 위기에 강한 회복탄력성을 기를 수 있는 좋은 밑거름이 된다. 그러나 애석하게도 많은 부모가 자녀와 균형을 맞추는 데 실패하여 갈등을 겪는다.

자녀와의 갈등을 호소하는 부모들은 흔히 '자녀가 어릴 때는 말을 잘 들었는데 점점 크면서 자기주장이 강해졌다'고 말한다. 하지만 자녀의 말은 다르다. 부모가 너무 자기 생활에 간섭한다고 말한다. 모두 자기 관점에서 말하고 있다는 것이 문제다.

자녀와 균형을 맞춘다는 것은 어떤 관점으로 자녀를 바라보는가에 달려 있다. 일방적으로 또는 주관적으로 바라보는가 아니면 쌍방적으로 혹은 객관적으로 바라보는가이다. 우리는 내가 가진 상식과 경험을 나의 속도와 방식으로 이해하고 적용하려고 한다.

안타깝게도 부모가 이해하는 상식이나 세상을 경험하는 속도는 자녀에 비해 현저하게 느리다. 그리고 방식도 다르다. 똑같이 최첨단의 과학기술의 혜택을 누리고 사는 것처럼 보이지만, 부모 세대에서 적용하는 방식과 속도는 자녀 세대가 적용하는 방식과 속도와 다르다. 부모-자녀 사이의 속도와 방식 차이를 인지하지 못하고 일방적이거나 주관적으로 바라보게 되면 갈등을 피할 수 없다.

애착 연구에 관해 저명한 영국의 심리학자 포나기(Peter Fonagy)는 부모와 자녀 사이에서 쌍방적이고 객관적인 관점을 가지는 과정을 '정신화(mentalization)'라는 개념으로 소개했다. 정신화란 다른 사람의 행동이 어떤 생각, 감정, 의도에서 나온 것인지 '분명히' 이해하는 과정을 말한다.

우리의 마음은 우리가 경험하는 대상을 우리의 방식대로 이해하도록 중재하기 때문에 대상을 객관적으로 이해하려면 내 방식이 과연 맞는지 '성찰'하는 태도가 요구된다. 이러한 자기 성찰에 익숙한 사람들은 타인의 행동에서 상대방의 마음을 '분명히' 이해하는 능력이 강하다.

우리는 상대방의 마음을 직접적으로 들여다볼 수 없다. 아무리 타인을 있는 그대로 이해한다고 해도, 내가 경험하고 알고 있는 범위에서 주관적으로 이해하는 한계를 피할 수 없다. 그러므로 객관적으로 이해한다는 것은 상대방의 마음을 들여다본다는 의미가 아니라 내가 경험하고 알고 있는 것이 '틀릴 수 있다'는 융통성과 함께, 상대방의 입장에서 행동을 이해하려는 공감의 의미를 담고 있다.

예를 들어, 부모가 자녀의 마음을 이해한다고 말할 때 부모가 자신의 상식과 삶의 경험을 떠올리며 단순하게 이해하는 수준은 자녀를 분명히 이해하는 것이 아니다. 부모의 상식으로는 받아들일 수 없더라도 자녀의 마음에서 일어나는 생각과 의도를 바탕으로 제3자의 입장에서 자녀의 행동을 이해할 때, 자녀의 마음을 이해하는 것이 분명하게 된다.

포나기는 엄마와 자녀가 안정 애착을 형성할수록 자녀의 정신화 능력은 발달한다고 말한다. 안정 애착은 자녀의 성찰능력 발달을 돕는다는 의미다. 그는 부모-자녀를 대상으로 한 프로젝트를 진행하였다.[46] 그리고 부모 자신이 안정 애착 유형일 때 자녀를 안정형의 자녀로 양육할 확률이 높다는 결과를 제시하면서, 안정형의 부모는 불안정형의 부모들보다 정신화 능력이 높다는 것을 발견했다.

다시 말하면 안정형의 부모와 불안정형의 부모가 가지는 중요한 차이는 바로 성찰 능력(객관적인 이해 수준)의 높고 낮음에 있다는 사실이다. 그는 부모가 안정 유형일 때 자녀가 안정 유형을 형성할 확률이 무려 75%에 이른다고 설명했다.

그렇다면 부모는 어떻게 정신화 능력을 강화하여 균형과 조화로운 삶을 자녀에게 물려줄 수 있을까? 이에 대한 해답은 포나기가 제시한 정신화의 4가지 차원의 균형에서 찾을 수 있다.

첫째는 이성과 감정 차원의 균형이다.

이성 중심의 사람은 논리적으로만 세상을 판단하지 말고 감정으로 세상을 볼 수 있어야 하며, 감정에 쉽게 압도되는 사람은 이성으로 감정을 다룰 수 있어야 한다. 즉 우리의 마음이 편안함을 유지하기 위해선 이성과 감정이 서로 적절히 균형과 조화를 이루어야 한다.

만약 어느 한쪽으로 치우쳐 불균형을 이루면 인간관계에서 갈등이 일어나기 쉽다. 감정에 치우치면 이성적으로 판단하는 능력이 떨어져 실수하기 쉽고 인간관계를 망칠 수 있다. 반대로 이성에 치우치면 친밀감을 느끼기 어려워 깊은 관계로 발전하기가 어렵다.

자녀에게도 마찬가지다. 자녀에게 지나치게 감정을 표현하는 양육 태도를 보이면 자녀들도 마음이 상하고 양가감정을 보이는 등 감정 조절에 취약하게 된다. 반대로 친밀한 감정은 보여주지 않고 원리원칙만 강조하면 자녀들은 자유롭게 감정을 표현하지 못해 속마음을 부모에게 보이지 않으며 부모라 할지라도 어색함을 느끼게 된다.

그러므로 자녀에게 주로 감정적으로 대하는 부모들은 좀 더 일관성을 가지고 이성적으로 자녀에게 다가갈 필요가 있으며, 지나치게 이성을 강조하여 원칙대로 자녀를 대하는 부모들은 따뜻한 감정으로 자녀를 품어 주며 균형을 유지할 필요가 있다.

둘째는 자동적인 본능 반응과 의식적인 통제 차원의 균형이다.

본능과 욕구는 우리 마음에서 자동으로 생성된다. 하지만 마음에서 일어나는 본능과 욕구를 무조건 충족시키지 않고 질서를 유지하는 것이 인간이다. 이때 본능과 욕구를 조절하도록 통제하는 영역이 바로 의식과 의지이다.

우리의 본능과 욕구는 감정 차원과 밀접하게 연결되어 있으며, 의식과 의지는 이성 차원과 연관되어 있다. 그러므로 본능, 욕구, 감정이 우리의 의지와 상관없이 자동적 반응으로 일어나더라도 이성적인 생각과 의지를 사용하여 통제가 가능하게 된다.

감정이나 직관 등 본능적 반응으로 올라오는 상황들을 의지를 가지고 통제하지 않고 그대로 행동으로 표출하는 사람들은 상황을 자신의 주관적인 생각으로 판단하기 쉽다. 반대로 인간의 본능과 욕구를 억제하여 모든 상황을 자기 의지 아래에서 통제하려 하는 사람들은 욕구 불만과 함께 타인의 생각을 받아들이지 않으려는 고집이 많다.

만약 자녀와의 관계에서 직감으로 자녀를 의심하거나 화가 난다고 자녀 앞에서 자주 폭발한다면, 상황을 객관적으로 보려는 의지적인 노력이 필요할 것이다.

반대로 부모가 지나치게 의지가 강하여 논리적인 잔소리가 많으면, 자녀는 본능적인 영역(감정 문제, 이성 문제 등)에서 갈등을 경험하더라도 부모에게 도움을 청하지 못하게 된다. 두 영역에서의 적절한 균형이 이루어져야 자녀의 행동을 객관적으로 이해하고 공감할 수 있다.

셋째는 자기중심과 타인중심 차원의 균형이다.

자기중심적 세계관을 가진 사람과 타인중심적 세계관을 가진 사람은 행동에서 큰 차이를 보인다. 특히 감정과 관련된 행동에서 두 세계관의 차이는 두드러진다.

인간관계에서 한 사람의 감정은 쉽게 타인에게 옮겨지는 특징이 있다. 이를 '감정 전염(emotional contagion)'이라고 부른다. 예를 들어 눈물을 흘리고 있는 사람을 보면 그 슬픔이 느껴지면서 위로를 건네게 된다. 하지만 자기중심적이냐 타인중심적이냐에 따라 공감력과 위로의 행동이 달라진다.

자기중심적인 사람들은 타인중심적인 사람들에 비해 타인의 슬픔을 공감하는 능력이 약하다. 타인중심적인 사람들은 함께 눈물을 흘리며 위로를 담은 안아 주기가 자연스럽지만, 자기중심적인 사람들은 눈물보다는 무표정으로 침묵하거나 자기 생각에 따른 해결책을 조용히 제시하기도 한다. 공감력이 약하다 보니 타인의 감정보다는 사태 해결이 우선일 수 있다.

타인중심적인 사람들이 공감력이 높은 장점이 있지만, 타인중심적 행동이 지나치면 타인으로부터 인정받는 것에 몰두할 수 있는 약점이 있다. 거절하기 힘든 성격이라면 자기를 돌보는 일보다 타인을 위해 자신을 희생하는 일이 더 빈번한 경우가 많다.

부모는 자녀와의 관계에서 자기중심과 타인중심의 균형을 잡을 수 있어야 한다. 자기중심적인 부모는 자녀의 감정, 학업, 진로의 관심사보다 부모 자신의 일, 관계, 미래가 우선순위에 놓이기 쉽다. 자녀와 갈등이 생길 경우 자기중심적 태도로 인해 자녀를 이해하기보다는 부모의 입장을 강조하면서 자녀의 입장은 누르려는 태도를 보인다.

이에 반해 타인중심적인 부모는 자녀의 필요를 채워 주는 좋은 장점이 있지만, 지나치면 자녀가 부모의 지나친 돌봄을 싫어할 뿐만 아니라 부모의 헌신을 알기에 싫어도 거절하지 못하며 반복될 경우 거절하지 못하는 성격을 가지기 쉽다.

그러므로 자기중심적인 부모는 자녀의 세계에 시간을 좀 더 할애하는 것이 좋으며, 타인중심적인 부모는 자녀 돌봄이 지나치지 않도록 주의하여 자기중심과 타인중심의 균형을 이루는 것이 좋다.

마지막은 외형과 본질의 균형이다. 겉과 속의 균형이기도 하다. 외형적인 반응에 지나치게 관심을 가지는 사람들은 내면의 본질을 간과하기 쉽다. 예를 들어 인사를 했는데도 웃으며 반기지 않으면 상대방이 나를 무시했다고 생각한다. 혹은 사람들이 자신을 외모로 판단한다고 여겨 외모를 잘 가꾸면 무시당하지 않는다고 생각한다. 하지만 외형에 지나치게 집중하여 오해를 일으키는 자기 생각일 뿐 상대방의 마음과는 전혀 다르다.

반대로 지나치게 내적 상태에 집중하는 사람들은 외적인 현실과 균형을 이루지 못한다. 잘못된 신앙 태도가 형성되어 생활을 저버리고 지나치게 내적 상태에 집중하는 것은 외부 현실을 도피하여 내적 세계에 머물려는 심리를 반영한다. 올바른 신앙은 내적인 영성이 생활에서 적용되도록 충실히 현실에 직면하는 것이다.

자녀와의 관계도 마찬가지다. 지나치게 자녀의 외적인 모습에 민감하여 오해하거나, 반대로 자녀의 마음이 상할까 전전긍긍하는 모습은 피하여야 한다.

〈균형과 조화의 유산을 위한 실천〉
• 먼저 자녀의 입장에서 보고 듣고 이해하고 그 다음에 말하기
• 역발상으로 생각하기
• 분명히 알기 전에는 판단 보류하기
• 자신을 성찰하는 시간 갖기
• 정신화의 4가지 차원의 균형을 실천하기

인간에게 '믿음'이라는 행위는 일상생활의 전반에 걸쳐 나타난다.
직장생활을 위해 회사 건물에 들어갈 때도 그 건물이 안전하리라는
믿음이 전제된다. 누군가 나에게 휴식 시간에 커피를 전해 주어도 그
커피가 안전하리라는 믿음을 전제하고 마신다.

하지만 당연하리라고 생각했던 믿음이 당연하지 않을 때 우리는
충격과 혼란에 빠진다. 그리고 불안이라는 세계를 접하게 된다. 우리
는 세상과 마주할 때 불안과 믿음이라는 두 영역 사이에서 이성을 통
해 판단을 내리고 두 진영 중 한 곳을 선택하며 살아간다.

예를 들어, 똑같이 배가 고픈 상황이라도 어떤 사람은 식탁의 음식
이 하루가 지났어도 눈으로 확인하고 냄새를 맡아 보고 살짝 맛을 보
아 정상이라고 판단되면 먹어도 된다고 생각하는 사람이 있는가 하
면, 어떤 사람은 아무리 배가 고파도 혹시 오염되었을지 모르니 무조
건 버려야 한다고 생각하는 사람이 있다. 상황에 따라 각자가 어디에
관점을 두느냐에 따라 행동의 결과는 달라진다.

불안이 지나치면 정신 건강에 해롭지만, 불안을 느끼고 경계하는
생활이 나쁜 것만은 결코 아니다. 불안은 도리어 우리 사회를 안전하
게 만들고 문제를 해결하기 위해 앞으로 나아가게 한다. 사회 발전의
많은 부분은 불안이 던져 주는 숙제를 풀어나가며 이룬 결과들이다.
하지만 지나친 불안은 인간의 자율성을 막고, 맹목적인 시각을 갖게

불안이 지나치면 정신 건강에
해롭지만, 불안을 느끼고 경계하는
생활이 나쁜 것만은 결코 아니다.
불안은 도리어 우리 사회를
안전하게 만들고 문제를 해결하기 위해
앞으로 나아가게 한다.

하며, 부정적인 감정에 취약하게 만든다.

믿음이라는 영역은 불확실한 상황에서 자기 확신을 담보로 한다. 스스로 확신할 수 있는 근거는 주로 반복적인 경험과 학습에서 얻은 일관적인 결과에 있다. 만약 동일한 경험인데 결과가 각기 다르면 믿음을 갖기가 어렵다.

자녀가 부모와 긍정적 경험이 많다면 부모에 대한 신뢰가 높아지겠지만, 반대로 부모의 기분에 따라 어떤 때는 칭찬을 받다가 동일한 상황인데도 어떤 때는 꾸중을 듣는다면 부모를 예측하기가 어려워질 것이다.

그리고 예측이 불확실한 상황에서 부모가 자녀를 강요하게 되면 자녀의 상황은 맹목적인 순종으로 이어지면서 맹목적인 관계가 형성되기 쉽다. 맹목적인 관계가 위험한 것은 불안한 현실을 직면하기보다 회피하게 만들고, 자기 세계에 빠지게 하여 객관적인 시각을 갖지 못하게 만든다는 데 있다.

개인의 신앙 색깔이 이러한 개인의 경험과 결코 무관하지 않다. 개인의 종교 생활에 따라 자신이 믿는 대상을 어떻게 경험하고 이해하는가에 따라 건강한 신앙을 가질 수도 있지만, 맹목적 신앙을 가질 수도 있다.

어떤 사람이나 사물이 '믿을 만하다' 또는 '믿을 만하지 않다'는 판단은 꾸준한 관계 경험에 따른 평가로 이루어진다. 어떤 대상과 꾸준히 관계하다 보면 그 대상에 대한 이미지와 이해가 머리에 자리 잡게 되는데, 심리학에서는 이를 '표상'이라고 말한다.

표상은 전적으로 관계의 질에 달려 있으며, 그 질적 평가에 따라 긍정적으로 자리를 잡기도 하고 부정적으로 뇌리에 남기도 한다. 믿음이란 자기가 경험한 표상에 대한 분명한 확신을 말한다. 그러므로 건강한 믿음은 대상에 대한 건강한 경험에서부터 나온다.

하지만 우리의 두뇌는 모든 경험의 대상을 개별적으로 이해하여 기억에 남기고 떠올리지 않는다. 이전에 경험한 대상에 대한 이해를 바탕으로 비슷한 대상을 경험할 때 똑같이 적용하려는 특징이 있다. 예를 들어 엄한 아버지 아래서 자란 자녀는 아빠와 비슷한 모습을 하였거나, 아빠의 엄한 특징을 가진 엄한 선생님과 같은 대상에게는 아빠에게서 경험한 질적 이해를 그대로 적용하게 된다.

신앙 행위로서의 믿음에서도 마찬가지다. 예를 들어, 기독교에서 '하나님 아버지'라는 표현은 하나님과의 관계인데도 생물학적 부모의 경험에서 얻은 질적 이해의 영향을 강하게 받아 부모에 대한 표상을 하나님에 대한 표상으로 만드는 일종의 매뉴얼과 같은 역할을 한다. 신앙 행위로서의 믿음과 일상생활에서 우리가 가지는 믿음이 서로 긴밀하게 연관되어 있다는 의미이다.

실제적으로 신앙을 애착의 관점에서 다룬 '신(神) 애착(God Attachment)' 연구에서는 부모와 건강한 관계를 유지할수록 신앙생활에서 자신이 믿는 신에 대한 건강한 믿음을 형성할 확률이 높았다. 그리고 건강한 믿음은 마음에 평안을 유지하도록 하였으며 신과의 관계를 친밀하게 만들었다.

특히 개인의 신앙 행위는 애착 유형과 밀접한 관계가 있었다. 초기 부모와의 관계에서 만들어진 세계관은 이후 종교의 가치관을 따르는 신앙 패턴에 직접적인 영향을 미쳤다.

예를 들어, 부모에게서 체험한 안전기지 역할이 자신의 신앙 중심에 위치하는 신을 인식하는 과정에서 부모 표상과 동일하게 체험되었는데, 부모가 안전기지 역할을 자녀에게 충실히 제공하여 부모의 충분한 돌봄과 보호를 받으며 자란 사람들과 그렇지 않은 사람들의 신앙관이나 태도가 달랐다.

부모의 안전기지 역할로 부모의 사랑과 돌봄이 일관적이었던 사람들은 신앙에서도 자신이 믿는 신을 안전기지로 경험하여 자신을 돌보고 보호하시는 분으로 인식하였지만, 그렇지 않은 사람들은 신앙 대상을 안전기지로 믿지 못하여 친밀한 관계를 이루지 못했다. 이것은 애착 유형별로 자신의 종교적 신을 인식하는 태도가 다르다는 것을 의미하는데, 신 애착 연구에 따른 유형별 결과는 다음과 같다.

• 안정형 신앙인

신에 대하여 인식할 때 서로 간의 관계에서 반응적이고 따뜻하고 지지와 돌봄을 제공하는 분으로 느꼈다. 자신이 하는 일에 대해서도 절대자로서 관심이 많으며 함께 목적을 이루어 가는 동반자로서 인식하여 친밀하고 역동적인 신앙 태도를 보였다. 신앙생활에서 느끼는 감정은 사랑, 안정감, 평안, 자신감 등이었다.

• 회피형 신앙인

신에 대하여 인격적이지 않고 멀리 계신 분이라고 느꼈다. 특히 신은 자기의 일이나 문제에는 관심이 없는 것처럼 느껴서 안정 유형처럼 일상생활에서 자신과 동행하는 절대자의 모습으로 느끼지 못했다. 평소 신과 깊은 감정을 나누는 것이 어렵고, 대부분 외로움, 초조함, 분노 등이 주요 감정이었다. 회피 유형의 어린아이가 가정에서 부모가 가까이에 있을지라도 정서적으로는 멀리 계신 것처럼 느끼는 것과 일치한다.

• 불안형 신앙인

신에 대하여 일관적이지 않고 변덕스러운 존재로 인식했다. 신으로부터 버림받지 않기 위해서 극도의 친밀감을 갈망하며, 신앙활동에 지나치게 의존하거나 몰입하는 특징을 보였다. 그들이 갖는 신에 대한 감정은 자비로우시지만 동시에 엄하시며, 축복도 주시지만 벌도 주시는, 온유한 절대자이지만 무자비하신 분 등으로 양가적인 특징이 강했다. 불안 유형의 어린아이가 부모의 이랬다저랬다 하는 변덕스러운 양육을 경험하여 자녀가 부모를 양가적으로 대하는 태도와 일치한다.

이처럼 신앙 대상과의 관계적 특징은 부모와의 관계에서 형성된 애착 유형의 특징과 깊은 관계를 맺고 있다. 부모의 안전기지 역할이 신앙생활에서 절대자로서 자신에게 어떻게 역할을 하는지에 대한 신앙 모델이 되는 것이다. 자녀가 신앙 모델을 형성하는 데 부모와의 관계의 질이 영향을 미친다는 것이다.

부모와의 관계의 질과 자녀의 종교성 수준을 다룬 한 연구에서는 부모가 신앙이 있는 경우와 신앙이 없는 경우를 구분하여, 부모와의

애착 관계가 자녀의 종교성 수준에 어떤 영향을 미치는가에 대해 비교하였다. [47)

　부모와 좋은 관계를 맺은 안정 애착 자녀의 경우 부모가 신앙적일 때 자녀의 종교성도 깊었지만, 부모가 신앙을 갖지 않은 경우에는 자녀의 종교성도 낮았다. 신앙이 있는 부모는 자신이 느끼는 심리적 안정과 긍정적인 정서를 신앙과 관련하여 표현하는 경향이 있어 자녀 역시 신앙에 대한 긍정적인 인식을 갖기 쉬우며, 높은 종교적 수준과 긍정적 종교 경험을 가질 확률이 높다.

　하지만 부모가 신앙이 없을 경우 자녀는 심리적 안정이나 긍정적인 정서를 종교와 연계하기가 어려울 뿐만 아니라, 신앙 배경이 없어도 안정적인 부모를 경험하여 종교의 필요성을 크게 느끼지 않을 수 있다.

　이와 반대로 부모와 관계가 좋지 않아 불안정 애착을 맺은 경우, 부모의 신앙 수준과 자녀의 종교성 수준은 정반대였다. 자녀와는 갈등을 일으키며 좋지 않은 관계를 이루면서 신앙생활에서는 열심을 보이는 부모에게서 자란 자녀는 낮은 종교성을 보였으며, 반대로 부모가 신앙이 없는 경우는 자녀가 종교를 경험하였을 때 오히려 높은 종교성과 적극적 신앙 태도를 보였다.

　부모가 보여주는 신앙생활의 태도와 자신을 대하는 태도가 다를 경우, 자녀는 부모가 믿는 종교에 관심을 갖지 않거나 소극적 신앙 태도를 보이게 된다, 반면에 자신과의 관계가 좋지 않은 부모가 신앙이 없는 경우 부모에게서 받지 못한 사랑과 돌봄을 신앙생활에서 신을 통해 대신하여 경험할 수 있는데, 이때 자녀의 신앙 태도는 적극성을 보이기 쉽다.

신앙을 가진 부모라면 어떻게 해야 자녀도 신앙 안에서 긍정적으로 자랄 수 있을까 고민하게 된다. 신앙이 많은 점에서 유익을 준다는 것을 자신의 삶을 통해 경험해 왔기에 그렇다. 신앙은 마음의 안정을 유지시키는 긍정적인 체험 외에도 문제의 한계에서 용기와 회복탄력성을 제공한다.

안정 유형의 신앙인이 갖는 긍정적 정서와 자신감 있는 생활 태도는 그들의 신앙에서 얻는 힘과 밀접한 관계가 있다. 그리고 그들의 신앙 배경에는 안정된 부모와의 관계가 마치 씨줄과 날줄처럼 얽혀 있다.

그렇기에 불안정 애착 관계에서 부모가 신앙을 가지지 않아 자녀의 종교성이 높아진다 해도 그것은 부모의 안전기지 역할을 신앙생활에서 대신 경험하는 것일 뿐, 부모의 안전기지 돌봄이 필요하지 않다는 것을 의미하지는 않는다.

자녀를 사랑하고 돌보는 안전기지의 삶은 결국 종교적 실천을 가정에서 적용하는 것과 다르지 않다. 예배나 기도와 같은 종교 실천도 중요하지만, 가정생활에서 배우자와 자녀에게 신앙적 가르침을 행동으로 옮기는 부모의 모습은 자녀에게 이상적인 신앙인의 모델로 작용한다. 특히 어린 자녀일수록 가정에서의 부모 경험은 그들의 신앙 형성에 미치는 영향이 크다.

〈신앙의 유산을 위한 실천〉
- 부모의 영향이 나의 신앙에 어떤 영향을 주었는지 생각해 보기
- 매일 꾸준히 성경, 경전 등을 읽고 자기 성찰하기
- 신앙의 실천은 외부보다 가정에서 먼저 시작하기
- 자녀들과 신앙을 주제로 대화 나누기
- 자녀의 안전기지가 되어 주기

3

미래 시대의 양육 지도를 그리다

어딘가에 관심을 갖는 것은 에너지와 같다. 관심을 갖지도 않고 어떤 일을 이룰 수는 없다. 그리고 일을 하면서 그 관심은 소모된다는 점에서 마치 에너지와 같다. 우리는 이 에너지를 어떻게 사용하는가에 따라 우리 자신을 창조해 간다. 이는 미국 시카고대학교 심리학 교수 칙센트미하이(Mihaly Csikszentmihalyi)의 말이다.

시대를 알아야
양육도 보인다

자녀를 양육하면서 부모들에게 난처한 문제 중 하나는 바로 '세대 차이'다. 만약 부모의 세대와 똑같은 상황을 자녀들이 지금 겪는다면 양육은 지금처럼 어렵지 않을 것이다. 자녀문제가 이미 부모가 경험한 문제이거나 또는 직접 경험하지 않았더라도 부모의 생각과 판단이 자녀에게 잘 맞을 수 있기 때문이다. 하지만 현실은 그렇지 않다. 끊임없이 변화하는 사회 속에서 자녀가 맞이하는 상황은 부모가 경험했던 상황과는 전혀 다르다.

자녀 양육에 있어서 지혜롭게 생각해야 할 부분은 부모와 자녀가 '같은 시대'를 살아가고 있다는 사실이다. 부모 역시 변화하는 시대에 적응해 가며 살지만, 자녀도 같은 시대를 적응하며 살고 있다. 그런 의미에서 부모는 과거 자신의 어린 시절의 경험을 기준으로 적용하며 자녀를 양육하는 것은 바람직하지 않다.

얼마 전까지 인성 교육에 대한 목소리가 컸다. 하지만 사회에 잘 적용되지 않은 듯하다. 인성 교육 자체에 문제가 있는 것이 아니라 인성의 포커스가 자녀들의 현실 상황을 반영하기보다 기성세대가 요구하는 인성에 맞추어 법제화되어 있는 것 같아 아쉬움이 남는다.

올바른 인성을 갖추는 것은 시대를 막론하고 중요한 과제이지만, 시대를 예측하고 반영하지 못한 내용으로 포커스가 맞추어져 있다면 앞으로의 사회에서도 점점 외면받는 현실을 피할 수 없을 것이다.

자녀 양육에 대한 부모의 인식도 마찬가지다. 과거 시대는 지금처럼 다원화된 시대가 아니었기에 사회적으로 통용되던 공통된 기준이 존재했지만, 현 시대는 다양성이 중시되는 문화 속에서 살아가기에 소수의 기준도 중시되는 사회 현상이 매우 강하다.

다시 말해서 앞으로 우리의 자녀들은 사회에서 통용되고 다수가 동의하는 기준을 무조건 따라가는 사회에 익숙해지기보다는, 다양성과 창의성 속에서 스스로 올바른 기준을 선택해야 하는 사회에서 살아가기 쉽다.

그러므로 자녀 양육이 부모 세대의 기준대로 따라오라는 식의 일방적 동의를 구하는 형태가 되어서는 안 된다. 더욱이 과거 시대에 보편적이었던 보수적인 양육으로 자녀를 양육할 경우 자녀는 부모에게 자기의 주장을 이야기하는 것이 매우 어렵게 된다. 그럴수록 자녀는 긴장하게 되고 분별력과 결정력을 기를만한 기회가 결핍될 수밖에 없기에, 현명한 판단으로 자기의 선택을 확신하는 것이 어렵게 된다.

현시대의 경우 빠른 정보와 선택을 요구하는 디지털 기기의 확산으로 자녀들은 감각적인 선택에 익숙해져 있다. 개개인이 선택할 수 있는 항목들은 많지만 깊이 있는 선택보다는 감각적인 선택이 이루어질 확률이 높다.

그렇기에 다양성의 환경에서 현명한 선택을 할 수 있는 분별력과 결정력을 자녀가 발달시킬 수 있도록 도와주는 양육이 절실하다. 그리고 미래 시대에서 요구하는 자질과 능력을 갖출 수 있도록 지원하는 양육이 필요하다. 그렇다면 부모로서 우리는 어떤 자세를 갖는 것이 도움이 될까?

첫째로 부모 세대의 기준을 내려놓는 일이 도움이 된다. 부모와 자녀가 동시대를 살아가면서 양육은 과거 시대의 기준을 고집하는 것은 적절하지 않다.

예를 들어 요즈음 청소년들의 경우 여학생들 대부분은 패션에 관심이 높고 메이크업을 하는 편이다. 하지만 보수적인 과거 세대의 기준에서 화장을 하는 것은 학생으로서 적절하지 않고 사회적으로 동의를 얻기 어려운 기준이라고 인식한다.

그러나 현 시대는 그렇지 않다. 시대가 바뀌어도 보수적인 생각을 고집하는 부모는 학생으로서 정숙하지 못하다고 하겠으나, 자녀와 함께 지금 청소년의 보편적 정서를 수용하는 부모는 오히려 화장이 대화의 주제가 되기도 한다. 이제는 청소년의 화장에 대한 부정적 시각은 사회적으로 동의를 얻을 수 있는 기준이 아니라는 소리다.

여기서 중요한 것은 화장을 '하느냐 하지 않느냐'가 아니라, 당사자인 자녀들이 부모의 주장과 자신의 생각 사이에서 스스로 타당한 선택을 이끌어 낼 수 있는 능력이 있느냐 없느냐이다.

강압적인 양육은 자녀의 소리를 수용하기보다는 부모의 결정에 따라야 하는 자녀의 의무가 강조되어 스스로 합리적인 선택을 할 수 있는 환경을 제공하지 못한다. 자녀의 입장에서 자녀의 의견을 수용하고 부모가 바라보는 시각이 자녀와 어떻게 다르며 자녀들에게 어떤 유익을 줄 수 있는지 설명하여 자녀가 스스로 생각하고 결정할 수 있는 기회를 제공하는 것이 다양성이 강조되는 미래 시대를 위한 현명한 양육이 될 것이다.

둘째로 다가오는 시대를 적극적으로 공부해 보는 자세가 필요하다. 자녀가 살아갈 시대를 예측해 보는 것은 부모로서 자녀 양육의 방향을 설정하는 데 도움이 된다. 산업과 디지털의 발달로 우리의 미래는 과거에 느꼈던 속도보다 훨씬 빠르게 다가오고 있다. 과거와는 비교할 수 없을 정도로 지식이 범람한 상태이지만 지식의 가용 기간은 신지식의 빠른 출현으로 인해 점점 짧아지고 있다.

우리 자녀는 소위 4차 산업 혁명 시대를 이끌어 갈 주역이다. 4차 산업 혁명이란 디지털 기술의 융합으로 만들어지는 기술 혁신으로 인공 지능, 빅 데이터, 로봇 공학, 사물 인터넷, 3D 프린팅, 드론, 나노 테크놀로지, 메타버스 등이 주요 분야에 속한다.

4차 산업 혁명 시대의 핵심은 다양한 학문 분야를 통합하여 새로운 기술과 지식을 창출해 내는 '융합과 연결'에 있다. 포브스(Forbes)는 미래 시대를 위해 가장 중요한 5가지 기술을 다음과 같이 소개했는데 이들은 모두 4차 산업 혁명 시대에서 기술 혁신을 위해 추구하는 개인의 자질과 일치한다.

- 감성지능(emotional intelligence): 자신의 감정뿐만 아니라 타인의 감정을 이해하고 표현하는 능력으로 건강한 인간관계를 위해 필수적이다.
- 창조성(creativity): 새로운 것을 상상하고, 디자인하고, 그것을 현실화하는 능력으로 혁신과 성장을 이끄는 주요 동력이다.
- 융통성과 적응력(flexibility & adaptability): 빠르게 변화하고 사라지는 기술과 속도에 맞게 과감히 버리고 새롭게 습득하고 적응하는 조절 능력이다.
- 정보 활용 능력(data literacy): 방대한 정보를 다루는 능력으로 필

요한 정보가 어디에 있는지 어떻게 사용하는지 알아야 한다.

• 최신 기술 능통성(tech-savviness): 최신 기술의 트렌드를 따라 능숙하게 해당 분야의 최신기술을 다룰 줄 아는 능력이다.

그러나 4차 산업 혁명 시대는 기술의 편리함 그리고 다음 기술에 대한 기대를 갖게 하는 동시에 '불확실성(ambiguity)'이라는 부작용이 강하게 일어나는 시대이기도 하다. 인간이 할 수 있는 영역이 기계로 대체되어 삶을 위협하는 현상은 이미 진행 중이며, 불확실성이 주는 불안으로 결혼을 기피하여 인구 감소가 진행 중이기도 하다.

기술의 발달 속도는 매우 빠른 데 비해 우리가 직접 생활 속에서 체감하는 교육 현장의 변화나 정책 시스템은 느리게 변화하다 보니, 앞으로의 사회에 대한 혼란과 불확실성에 대한 체감은 더 클 수밖에 없다.

이러한 속도 차이와 불확실성은 사람들이 현재에 머물러 감각적인 생활에 집착하게 만든다. 현 시대 자녀들은 구체적인 미래를 꿈꾸는 것은 힘들어하면서도 현대 기술 문명을 습득하는 속도는 매우 빠르다. 동시에 새로운 기술이 등장하면 이전의 관심사가 식어 가는 속도 역시 빠르다. 기술 발전의 속도와 일치한다는 것을 알 수 있다.

자녀들의 상황에서는 기술 발전의 현재 속도에 감각적으로 대응하면서 현재의 기술에 집착해야 다음 기술을 받아들일 수 있기에, 감각적인 생활에 머물지 않을 수 없는 것이다. 컴퓨터의 CPU 처리 속도가 빨라질수록 인간의 감각도 빨라질 수밖에 없으며, 속도를 따라가기 위해선 집착할 수밖에 없다.

기술 발달의 부정적인 측면을 부각하여 아날로그 시대로 돌아가자는 움직임도 있지만, 그것은 아날로그의 감성을 그리워하는 기성세대의 바람일 뿐 자녀의 미래 시대가 아날로그로 돌아가는 역행의 시대로 바뀐다는 것은 거의 불가능에 가깝다.

통찰력을
키워야 하는 이유

과거 고대 시대는 국가의 미래를 위한 중대사를 결정하는데 신관(神官) 또는 사제(司祭)의 역할이 중요했다. 특히 왕권이 종교와 맞물려 있어서 왕이 직접 사제 역할을 하는 경우도 많았다. 우리나라의 경우 고조선 사회가 제정일치 사회였다고 알려져 있다.

현대이든 고대이든 자연은 신비로움으로 가득 차 있다 보니 거대한 자연의 품에서 살아가는 인간은 자연을 경작하기도 하지만, 때로는 자연의 힘에 압도당하며 두려움과 위협을 느끼기도 한다.

이런 이유로 당연히 고대 사회에서 자연의 주인인 신과 인간의 중재자 역할을 했던 사제들은 영향력이 클 수밖에 없다. 하지만 고대 사회라 해서 당시 사제들이 판단하여 결정 내렸던 생각들이 미개하다고 평가할 수 있을까?

지금도 현대 문명이 닿지 않은 일부 원시 종족의 생활에서는 족장

통찰력은 무엇보다 중요한
정신 기능으로 작용한다. 통찰력이
뛰어난 사람들이 사회 변화를 주도하고
기술 발전을 이끌어 가기에,
사람들은 그들의 판단과 결정을
믿고 따르는 것이다.

들의 판단과 결정이 중요한 데, 그들의 결정 내용은 문명화를 이룬 사회에서는 받아들이기 어려운 것들이 많다. 흔히 미신이라고 말하지만 원시 사회에서는 족장의 판단을 결코 미신이라고 받아들이지 않는다. 순간적으로 마음에서 떠오르는 직관을 사용한다 하더라도 과거로부터 내려오는 전통과 족장의 관찰력과 통찰력을 믿고 따르는 것이다.

현대 사회도 마찬가지다. 우리가 어떤 판단이나 결정을 내리기 위해선 사회 문화적인 배경에서 수용되는 조건들을 바탕으로 개인에게 최선이라고 생각하는 또는 옳다고 생각하는 대안을 선택하는 과정이 요구된다.

이때 통찰력은 무엇보다 중요한 정신 기능으로 작용한다. 통찰력이 뛰어난 사람들이 사회 변화를 주도하고 기술 발전을 이끌어 가기에, 사람들은 그들의 판단과 결정을 믿고 따르는 것이다. 그렇다면 통찰은 어떤 뜻일까? 국립국어원에서 제시한 '통찰하다'의 정의는 다음과 같다.

[통찰하다] 예리한 관찰력으로 사물을 꿰뚫어 보다 _국립국어원

통찰력의 기본은 관찰을 기반으로 본질을 꿰뚫어 볼 수 있는 능력에 있다. 직관적인 판단보다는 근거를 가질 수 있는 관찰과 예측으로 사물이나 현상을 판단하는 능력이다. 예리한 관찰은 사물이 진짜인지 가짜인지, 쓰임새는 무엇인지, 환경과 생활에 어떻게 적용할 수 있는지 판단하게 한다. 다양성이 강조되는 사회에서 자신에게 맞는 선택

을 해야 하는 미래 시대에 통찰력은 자녀들에게 필수품인 셈이다.

부모는 자녀가 소위 '똑 부러지는' 아이가 되길 원한다. 우물쭈물하지 않고 말이나 행동이 확실하고 단호하기를 원한다. 하지만 순간적으로 자신이 원하는 판단을 확실히 하기 위해선 꿰뚫어 볼 수 있는 통찰력이 필요한데 상황을 파악하고 예측하는 것이 어려운 아이는 우물쭈물할 수밖에 없다.

애석하게도 우물쭈물 뒤에는 자녀가 결정을 하고서도 눈치를 봐야 하는 대상이 있으며, 지속적으로 자기 결정을 검사 맡아야 하는 긴장이 누적되었다는 것을 의미한다.

자녀의 통찰력을 길러 주기 위해선 부모의 통찰력도 중요하다. 자녀를 관찰하고 자녀의 상황을 꿰뚫어 볼 수 있는 부모의 시각은 자녀가 스스로 판단하고 선택하도록 돕는다. 어린 자녀들의 생각은 부모의 이성에 비추어 미숙할 수밖에 없다. 마치 현대 사회에서 고대 사회를 보는 것과 같다.

자녀가 말하는 질문이나 의견이 부모의 관점에서 틀리고 타당하지 않을 수 있다. 하지만 자녀가 말하는 의도가 무엇인지 관찰하는 통찰력이 있다면, 비록 자녀의 말이 엉뚱하거나 틀린다고 해도 자녀의 기발한 생각에 깜짝 놀랄 수 있다.

말을 배우기 시작한 어린아이가 수족관 카페를 엄마와 함께 방문했다. 주변에 둘러 있는 작은 수족관들 안에는 예쁜 물고기들이 있다. 수족관 환경을 위해 기포 발생기에서 나오는 기포를 보고 손짓하며 아이가 엄마에게 말을 건넨다.

"엄마! 콜라야, 콜라!"

'기포'라는 단어를 알기에 아직 어린 나이였다. 이때 엄마는 무슨 말을 해 주어야 할까? "저건 콜라가 아니야! 기포라고 하는 거야." 이렇게 말하면 정답을 말해 줄 수는 있지만, 자녀의 입장에서는 부모가 정해 주는 답을 듣는 것에 그친다.

부모가 직접 답해 주는 것을 자주 듣는 아이는 스스로 생각하여 판단하는 능력을 기르기보다는 답을 모를 때마다 엄마의 판단에 의존하여 질문을 쏟아 내는 아이가 되기 쉽다.

자녀에 대한 통찰력 있는 부모란 아이 수준으로 내려가서 아이의 의도를 간파하여 반응할 줄 아는 부모를 말한다. 어떤 현상에 대해 자녀가 설명할 때 아는 범위에서 잘 표현하는지 살피는 부모, 그리고 엄마와 대화하기 원하는 자녀의 욕구를 꿰뚫어 볼 수 있는 부모를 말한다. "어머! 정말 그렇구나. 콜라랑 똑같네? 예쁜 물고기들도 콜라를 좋아하나 보다." 이렇게 말한다면 자녀는 자신의 생각이 수용되었다는 것을 느낄 뿐만 아니라 사물에 대한 보다 자유롭고 구체적인 관찰이 가능해진다.

미래 시대뿐만 아니라 현 시대에도 통찰력은 반드시 요구되는 정신 기능 중 하나이다. 다양성의 시대에 소비자의 특화된 욕구를 찾아가는 데 필요한 것이 통찰력이기 때문이다. 그래서 통찰력은 마치 퍼즐 조각의 위치를 찾아가는 퍼즐 맞추기와도 같다.

퍼즐 맞추기를 처음 해 보는 사람이라면 전체 그림을 보고 맞추는 것이니 쉬울 것 같이 느껴질 수도 있다. 하지만 조각 수가 많고 조각 모양이 다양할수록 예시 그림을 보고 퍼즐을 맞추는데도 결코 쉽게 않다는 사실을 알게 된다. 다양한 각도에서 관찰하고 조각 속의 그림과 모양에 담긴 핵심 단서(본질)를 간파해야 한 조각을 맞출 수 있다. 핵심 단서를 찾기 위해선 다양한 가능성을 생각하고 끼워 맞춰 보는 자율성이 있어야 한다.

부모의 역할은 자녀가 다양한 가능성을 제시할 때 수용하면서 자녀가 직접 가능성을 적용해 볼 수 있도록 자율성을 제공하는 것이다. 통찰력은 자녀가 생각한 가능성을 가지고 퍼즐을 정확한 위치에 꽂아 '아하!'라는 탄성이 질러질 때 발달하는 것이다.

미래 시대 중요한 키워드, 창의성

시대를 막론하고 창의성은 우리의 생활에서 중요시되어 왔다. 우리의 생활이 어딘가에서 발전적인 변화가 이루어졌다는 것은 창의성을 사용했다는 의미다. 창의성은 다른 동물과 다르게 인간이 가진 가장 매력적인 능력이기도 하다. 인간보다 두뇌 크기가 큰 고래나 코끼리에게도, 가장 영리하다고 알려진 침팬지에게도 인간의 창의성은 소위 '넘사벽'이다.

그래서일까? 인간은 끊임없이 창의적 인물을 좋아하고, 현재뿐만 아니라 미래 사회에서 필요한 인물을 선정할 때도 창의성이란 특징을 필수적 조건으로 여긴다. 그렇다면 창의성은 어떻게 개발되고 만들어질 수 있으며 부모로서 어떻게 자녀를 도울 수 있을까?

창의성 연구로 잘 알려진 하버드대학교 셸리 카슨(Shelley Carson) 박사는 창의적 두뇌를 개발하기 위한 7가지 브레인세트(brainset)를 소개하면서 창의성은 훈련을 통해 얼마든지 개발될 수 있는 능력임을 강조한다.

브레인세트란 마인드세트(mindset, 마음가짐)에 대한 생물학적 정의를 말한다. 그녀는 창의성을 의도적인 창의성 경로와 즉흥적인 창의성 경로로 나누면서, 이와 관련된 브레인세트를 'CREATES'라는 단축 문자를 사용하여 분류한다. [48]

- 연결 브레인세트(the Connect brainset): 서로 완전히 다른 두 대상이나 개념을 연결할 때 하나의 솔루션을 제시하기보다 다양하고 다차원적인 솔루션을 창출하도록 돕는 브레인세트를 말한다.
- 이성 브레인세트(the Reason brainset): 일상생활에서 계획하고 추론하고 결정하는 일에 관여하는 브레인세트로서 자신의 생각을 논리적으로 설명하는 일에 능숙하게 한다.
- 상상 브레인세트(the Envision brainset): 사물에 대한 본질에 대해 언어적 추론보다는 시각적 이해로 들여다볼 수 있는 능력으로 대상의 가능성과 잠재성을 쉽게 발견한다.
- 흡수 브레인세트(the Absorb brainset): 새로운 경험이나 떠오르는

생각을 어떤 편견이나 비판, 또는 이성이나 논리에 제약받지 않고 흡수하는 브레인세트로서 폭넓은 정보를 사용하여 참신한 아이디어를 창출할 수 있는 능력을 발휘한다.

- 변형 브레인세트(the Transform brainset): 부정적인 자의식이나 부정적인 감정을 변형시켜 위기에 의미를 부여하고 부정적인 에너지를 예술로 승화시키는 창의적 브레인세트이다. 기분과 창의성 간의 효과적인 연결을 다룬다.
- 평가 브레인세트(the Evaluate brainset): 정신 활동에 대한 비판적 역할을 하는 브레인세트로서 창의적인 아이디어가 실제 결과물로 나올 수 있도록 다양한 아이디어를 선별하여 선택 또는 제거하는 역할을 한다.
- 흐름 브레인세트(the Stream brainset): 즉흥적인 창의성이 필요한 상황에서 개인이 가진 전문적인 기술과 그 상황에서 요구되는 내적인 동기가 맞물려 즉각적으로 창의성이 현실 세계로 흘러 들어가도록 돕는 브레인세트를 말한다.

의도적 창의성은 의식적인 심사숙고 과정을 거쳐 다양한 정보를 단계적 사고를 통해 선별하여 유용한 아이디어를 창출하는 창의적 과정을 말한다. 이와는 다르게 즉흥적 창의성은 의식적 자각의 영향을 받지 않고 여러 정보가 동시에 처리되어 '영감'처럼 의식으로 갑자기 떠오르는 창의적 과정을 말한다.

보통 이성적 사고를 주로 사용하면서 논리적인 판단을 사용하는 사람은 비논리적이거나 의식적 자각의 영향을 받지 않는 즉흥적인 사고 과정을 좋아하지 않는다. 반대로 감각에 예민하고 직감적인 사고에 익숙한 사람은 논리적이거나 분석적인 사고 과정을 맹신하지 않는다. 하지만 창의성이 높은 사람일수록 서로 대립된 두 세계를 넘나들며 균형을 이룬다는 것이 창의성 연구의 결과이다.

흥미로운 사실은 어린 시절 부모와의 애착 관계에 따라 자녀가 이성적인 유형으로 발달하거나, 감각적이고 감성에 예민한 사람으로 발달할 수 있다는 점이다. 독립성이 강한 회피 유형의 경우 이성적이고 논리적인 사고를 주로 사용하는 반면에, 감정이 풍부한 불안 유형은 감각적으로 예민하고 직관적인 사고가 익숙하다.

당연히 안정 유형은 두 세계를 넘나들며 균형을 이루는 창의성이 높은 그룹에 속한다. 안정 유형은 직관과 분석을 적절히 사용하여 당면한 문제를 해결하는 창의력이 다른 유형에 비해 월등하다.

이러한 창의력은 애착 관계에서 만들어지는 인지 발달 과정과 밀접하게 연결되어 있다. 어린아이가 자율성이 발달하여 기거나 걷기 시작하면 주변 환경에 호기심을 가지는데, 이때 아기들은 주 양육자인 엄마를 신뢰해야 엄마 곁을 떠나 마음껏 호기심을 채울 수 있다. 엄마를 신뢰하지 못하고 불안해 하면 환경 탐험에 걸림돌이 된다.

아이들은 환경과 사물을 탐험하면서 인지 발달을 이루는데, 만지거나 입으로 사물을 갖다 대면서 사물의 특징을 두뇌에 저장한다. 때로는 자신의 장난감이나 집 안에 있는 집기를 들고 엄마에게 다가와 놀고 싶어한다.

이때 엄마의 반응이 매우 중요하다. 아기는 무분별하게 사물을 수용하지만, 엄마와의 상호 작용은 사물을 검증하고, 보다 구체적으로 사물을 이해하도록 돕는 역할을 하여 자녀의 인지 발달을 이끈다.

예를 들면 아기는 자신이 가진 물건이 위험한지 아닌지를 부모와의 상호 작용을 통해 검증할 수 있으며, 엄마와의 놀이는 사물을 이해하고 재미있고 세밀하게 배우는 동시에 감성을 나누는 기회로 작용한다. 이러한 과정으로 자녀들은 감각과 논리를 균형 있게 발달시킬 수 있다.

하지만 부모가 자녀와의 상호 작용을 귀찮아하거나 싫어한다면 자녀들은 혼자 노는 시간이 늘어나면서, 독립성은 강하지만 공감이나 감성은 발달하지 못하는 회피 유형으로 발달하기 쉽다. 의도적 창의성에는 강할 수 있지만, 즉흥적 창의성에는 취약한 유형이다.

반대로 엄마 곁을 떠나기를 두려워하는 불안 유형의 자녀들은 감정과 자신에게 해가 되는 자극에 대한 직감력은 뛰어나지만, 탐험으로 사물을 분석하고 배우는 기회가 적어 논리적이고 분석적인 사고력이 결핍되기 쉽다. 불안 유형은 즉흥적 창의 활동에는 익숙하지만, 의도적 창의 활동에 어려움을 느낄 수 있다.

몰입의 행복,
중독과 다르다

모든 부모는 자녀의 미래가 행복하길 바란다. 자녀가 좋은 대학을 가고, 졸업하여 좋은 직장을 다니고, 좋은 배우자를 만나 행복한 가정을 이루기를 바란다. 자녀를 꾸짖고 훈계를 해야 하는 상황에서도 자녀가 행복하길 바라는 부모의 마음은 저변에 깔려 있다. 하지만 부모가 바라는 행복을 자녀는 얼마나 느낄까? 부모가 바라는 대로 성장한다고 해서 예측했던 것처럼 자녀는 행복할까?

행복만큼 추상적이고 주관적이고 가변적인 단어도 없다. 행복의 사전적 정의는 자신의 삶에 대해 만족과 기쁨을 느끼는 흐뭇한 상태이다. [49] 행복은 개인이 주관적으로 느끼는 상태이기 때문에 사람마다 행복을 느끼는 상황과 시점이 다를 수 있다. 행복은 절대적인 기준이 없어서 똑같은 상황에서도 어떤 사람은 행복할 수 있지만, 어떤 사람은 행복하지 않을 수 있다.

예를 들어 청소년을 자녀로 둔 부모라면 아이의 컴퓨터 게임으로 한 번쯤 갈등을 겪었을지 모른다. 가정이라는 같은 공간 안에서도 아이는 게임을 즐기며 행복해 할지도 모르지만 부모는 행복하지 않을 수 있다. 자녀는 게임에서 이겼을 때의 희열을 온몸의 제스처와 환호성으로 표현한다. 엄마에게 달려와 이렇게 말할지도 모른다. "엄마! 드디어 베그에서 1등을 했어! 이건 엄청난 일이야! 오늘 정말 행복해!"

이때 부모가 아무리 자녀의 행복을 함께 나누면서 기뻐하려고 해도 자녀가 느끼는 행복감과 같을 수는 없다. 그리고 대다수의 부모는 행복을 느끼기보다는 혹시 게임에 중독되지는 않을까 게임에 열중하는 자녀 모습에 걱정한다.

행복은 기대치와 관련이 있다. 내가 바라는 기대치가 너무 높으면 현실에서 행복하기 어렵다. 반대로 기대치를 낮추면 행복을 느낄 확률이 크다. 자녀의 기대치는 게임에서 충분히 충족시키고도 남는 상태이고, 엄마가 자녀에게 바라는 기대치는 충족하지 못한 상태이기에 서로의 행복감이 다른 것이다. 가정에서 부모와 자녀가 바라는 기대치가 서로 다르면 서로 행복을 공유하기가 어려워진다.

그렇다면 어떻게 행복에 좀 더 구체적으로 접근할 수 있을까? 주관적이고 가변적이지만 모든 사람이 공유하는 행복한 상태는 어떻게 가능할까?

시카고대학교 칙센트미하이 교수는 사람들은 몰입할 때 즐거움과 행복을 느낀다고 말한다.[50] 몰입은 행복이나 즐거움에 구체적으로 도달하게 하고 객관적으로 예측하게 한다는 것이다. 게임에 몰입하는 자녀이든, 공부에 몰입하는 자녀이든 몰입은 즐거움과 행복을 만든다.

하지만 몰입이 주는 행복은 중독이 주는 행복과는 다르다. 게임에 몰입할 수 있지만, 중독으로서의 몰입은 그 행복이나 즐거움이 일시적이고 몰입 이후에는 고통과 부정적인 감정, 변하지 않는 자신의 모습에 대한 실망감이 뒤따르는 특징이 있다. 반면에 건강한 몰입이 주는 행복은 지속력이 있고 정체성과 자아실현으로 이어진다. 몰입 이후에는 보람이 있으며, 과거의 자신과 몰입 이후에 느끼는 발전된 자신의 모습에 차별성을 느끼게 된다.

　중독이든 몰입이든 사람들은 행복을 추구하기에 그 대상에 빠진다. 하지만 부모라면 당연히 자녀가 자신의 관심사에 건강하게 몰입하기를 원할 것이다. 몰입을 통해 자녀의 가능성과 창조성이 현실로 드러나고 자아실현을 이루길 원할 것이다. 그렇다면 어떻게 자녀가 몰입할 수 있도록 도울 수 있을까? 칙센트미하이는 몇 가지 몰입에 대한 조건을 소개한다.

　먼저 외부 환경에 관계없이 즐거움과 목적을 찾는 법을 배울 수 있도록 돕는 것이 좋다. 자신의 그림에 몰입 중인 화가는 그림에 몰입하는 동안에는 잘 나가는 그림의 시세가 얼마인지, 사람들이 자신의 그림을 좋아해 줄지 아닌지를 생각하지 않는다. 집중력과 열정이 그림을 그리는 데 맞춰져 있기 때문이다. 자녀가 외부 환경이나 보상과 처벌에 민감하게 되면 자신의 관심사에 몰입하기보다 외부 조건에 더 신경이 쓰이게 된다. 만약 원하지 않는 외부 조건에 강요되면 행복과는 거리가 멀게 된다.

　문화 콘텐츠의 영향으로 춤이나 노래와 같은 활동에 청소년들이 큰 관심을 보이고 있다. '쇼미더머니(Show Me The Money)'나 '고등래퍼'와 같은 TV 예능 프로그램은 청소년이 이러한 관심사에 몰입할 수 있도록 영향을 끼친 대표 콘텐츠이다. 학생은 공부만 해야 한다는 외부의 조건이나 다른 사람들이 나를 어떻게 볼 것인가에 민감한 청소년이라면 그와 같은 프로그램에 도전하여 자신의 관심사에 몰입하기는 쉽지 않을 것이다.

둘째로 자녀의 정신 건강을 챙겨주는 것이 필요하다. 몰입에 가장 방해되는 조건 중 하나가 바로 정신 장애이다. 정신 장애는 의식을 왜곡시키는 힘이 있다. 흔히 알려진 우울증이나 불안 장애, ADHD 등의 정신 장애에서 파생되는 고통, 두려움, 분노, 불안과 두려움, 질투 등은 타인과의 관계뿐만 아니라 자신과의 관계에서도 의식을 왜곡시켜 오해를 불러일으키고 집중하지 못하게 막는다.

문제는 아동기와 청년기는 성인과 같은 정신 장애의 특징들이 나타나지 않는 함정이 있다. 그래서 부모는 잠시 그러려니 하면서 지나치기가 쉽다. 하지만 정신 장애의 경우 자녀 시기에서 잡아주지 않으면 성인기까지 이어질 뿐만 아니라 악화될 가능성이 아주 높다. 자녀가 정신적으로 힘들어한다면 적극적으로 부모가 개입하는 것이 좋은 이유이다.

셋째로 자녀가 집에서 눈치를 보지 않도록 양육하는 것이 좋다. 몰입의 영어 표현은 Flow(흐름)이다. 자녀가 자신의 삶에 흐르는 시간 속에서 관심사의 정황에 집중하여 흐름을 타는 것이 바로 몰입이다. 그런데 자녀가 눈치를 보게 되면 흐름을 타야 하는 순간을 놓치기가 쉽다. 반면에 눈치를 보지 않고 마음껏 자신의 관심사를 표현할 수 있는 자녀는 흐름을 타야 하는 순간을 보다 쉽게 감지할 수 있고 그 순간을 놓치지 않는다.

즐거움은 일상생활의 눈치를 보지 않고 손쉽게 관심사에 접근할 수 있을 때 더 많이 찾아온다. 그리고 그때의 몰입은 1시간이 1분처럼

미래의 자녀 시대는 중독이 염려되는
시대이기도 하다. 일시적인 쾌락과
감각적인 즐거움이 힘든 인생을 달래 줄
어린 시절의 알사탕 역할을 할 수도 있다.

느껴지는 시간의 왜곡을 경험하기에 이른다.

　미래의 자녀 시대는 중독이 염려되는 시대이기도 하다. 일시적인 쾌락과 감각적인 즐거움이 힘든 인생을 달래 줄 어린 시절의 알사탕 역할을 할 수도 있다. 하지만 부모와 함께 몰입을 경험하는 자녀일수록 부모가 바라는 자아실현의 행복을 경험하기가 쉬운 것은 당연한 일이다.

에코 패런팅을
공유하라

　'친환경'은 현 시대의 주요 화두이다. 자녀 시대에도 그 중요성은 계속될 것이다. 다가오는 미래에 대해 세계가 걱정하는 으뜸 주제는 단연 환경 문제이다. 우리는 보통 환경 문제는 국가 정책에서 다루어져야 하는 문제라고 여기기 쉽다. 그러나 이 문제는 정책뿐만 아니라 양육에서 동시에 다루어져야 하는 문제이다.

　과학 저널 「사이언스」에 게재된 2015년 연구에 의하면, 연간 플라스틱 생산량(2억 8천만 톤)이 폐기량(2억 7천만 톤)과 거의 비슷한 수준에 이르렀다고 보고한다. 이미 미세 플라스틱 문제는 가족의 건강을 위협하는 지경에 이르렀고, 인간뿐만 아니라 생태계 전체에 영향을 미칠 만큼 위험한 수준에 이르렀다.

　플라스틱뿐만 아니라 지구 온난화와 같은 환경 문제 역시 심각한 수준이다. 기후가 점점 뜨거워지는 대가로 해수면 상승, 폭염이나 집중호우와 같은 이상 기후, 열돔 현상으로 인한 산불 등을 경험하고 있다. 이러한 환경 이슈들은 정책과 양육에서 동시에 다루지 않으면 다음 세대가 떠안을 부담이 더 커지게 될 것이다.

친환경을 의미하는 'eco'란 'ecology(생태학)'의 줄임말로, eco 자체는 '환경과 연관된'이라는 의미를 담고 있다. 그리고 그리스어의 oikos, 즉 '집(house)'이라는 뜻에서 유래한다. 인간의 환경은 곧 집과 같다는 의미다. 하지만 우리는 지금 플라스틱 쓰레기가 가득하고 난방 및 냉방 장치가 고장난 열악한 집에서 살고 있는 것과 같다. 집에 살고 있는 우리가 당장 관심을 가지고 집을 치우고 고치지 않으면, 자녀들도 배우지 않을 것이고 집은 더 열악해질 것이다.

친환경으로 돌아가는 것은 의지가 필요한 일이다. 처음 친환경적인 생활을 시작한다면 불편한 점을 많이 경험하게 된다. 플라스틱이나 탄소 배출이 주는 편리함이 우리에게 너무 익숙해서 친환경 생활을 하다가도 포기하고 싶을 수도 있다.

머그컵이나 텀블러를 일일이 가지고 다녀야 하고, 일회용 용기를 사용하지 않기로 다짐해야 하고, 가급적 대중교통을 이용하거나 가까운 거리는 걸어야 한다. 값싼 플라스틱 제품보다는 친환경 재질의 비싼 제품을 선택해야 하는 추가적인 비용 지불의 문제도 있다. 그렇기에 친환경적인 생활은 편리함과 익숙함을 버리고 기꺼이 불편함을 수용하는 자세가 필요하다.

에코 패런팅(Eco-Parenting)은 이러한 친환경적 생활을 부모가 이해하고 자녀와 함께 실천하는 양육 태도를 말한다. 자녀가 친환경 생활을 스스로 실천하기란 어렵다. 부모가 친환경 생활의 가치와 의미를 두고 실천하면서 자녀가 그 가치와 의미를 배워 미래를 준비하고 바꿀 수 있도록 도와야 한다.

에코 패런팅은 두 가지 축을 병행하여 실천할 때 이상적이다. 한 축은 친환경적 생활을 실제의 삶에서 실천하는 모습을 부모가 모델이 되어 그 의미와 생활 방식을 자녀가 배우도록 돕는 것이다.

에코 패런팅의 시작은 '의미'가 행동을 불러일으키도록 그만한 가치를 스스로 찾는 것에서부터 시작할 수 있다. 환경 문제가 얼마나 심각한지, 가족에게 직접적으로 미치고 있는 영향은 무엇인지, 자녀의 시대에는 얼마나 심각해지는지 등 정보를 찾아보고 관심을 두는 행동은 친환경 생활을 시작하는데 의미를 부여하고 동력을 제공해 준다. 다음 홈페이지를 방문해 보는 것도 좋다.

- 국립환경과학원(www.nier.go.kr)
- 환경부(www.me.go.kr)
- 유엔환경기구(www.unep.org)
- 그린피스(www.greenpeace.org)

그 다음엔 자녀와 생활하면서 함께 실천할 수 있는 친환경 활동을 시작하여 자연스럽게 친환경 생활이 익숙해지도록 돕는 것이다. 자녀는 이 과정에서 부모가 생각하는 친환경의 가치와 환경을 '집'이라고 생각하는 세계관을 기를 수 있다. 가정에서 실천할 수 있는 친환경 활동을 몇 가지 소개하면 다음과 같다.

- 생활 소모품을 교체할 때 친환경 재질의 물건으로 대체하기: 현재 칫솔, 치약, 수건, 주방용품 등 이미 많은 제품이 출시되어 있다. 사용 중인 물품을 일부러 바꾸는 것은 낭비가 될 수 있다. 교체 시기에 맞춰 대체하는 것이 바람직하다.
- 음식물 쓰레기 줄여 저탄소에 동참하기
- 사용하지 않는 전기 플러그 뽑기
- 일회용품 사용 자제하고 재활용 용품으로 대체하기
- 컴퓨터 게임보다는 보드게임 활용하기
- 식물 키우기로 가정 내 공기질 개선 및 녹색 환경 만들기
- 친환경 생활의 좋은 점 나누고 의미 두기

에코 패런팅의 다른 한 축은 부모 자신이 자녀에게 친환경이 되어 주는 것이다. 자녀에게는 주변 환경도 '집(eco)'에 해당하지만, 그보다 부모 자체가 최고의 환경이고 곧 집(eco)이다. 자녀가 부모로부터 안정감을 누리고 자유롭게 생활할 수 있다는 것은 자녀의 마음이 자연 상태로의 '친환경' 상태라는 것을 의미한다.

반면에 자녀가 부모를 두려워하거나, 신뢰하지 못해 안정감을 누리지 못하고 기죽어 있다는 것은 자녀의 마음이 스트레스와 학대 등으로 훼손된 상태라는 것을 의미한다. 자녀를 공감하지 못하는 양육

은 자녀 본연의 마음이 자라나지 못하도록 방해하며, 부모의 마음 상태를 반영하도록 요구하는 소위 '눈치'를 보는 결과로 이어진다.

그러므로 앞서 언급한 '부모의 안전기지 역할'과 '권고한 실천들'은 부모가 양질의 양육으로 자녀에게 좋은 마음 환경을 유산으로 물려줄 수 있는 에코 패런팅의 시작이다. 설사 자녀를 학대하였거나 강압적인 양육으로 자녀와의 사이가 좋지 않더라도 부모가 자녀를 공감하기 시작하고 안전기지 역할을 실천하기 시작한다면, 손상된 자녀의 마음을 자연 상태로 되돌릴 '친환경'의 기회가 생기게 된다.

양육 트라우마와 관련된 연구에 따르면 학대적인 양육이 이루어지다가 두려움을 일으키는 양육 방식이 감소하고 더 이상 학대가 없는 상태가 아동기에 지속한다면, 자녀는 부모의 상반된 양육 태도에 혼란을 느끼면서 부모의 두 모델 중 하나를 선택하여 발달한다고 말한다. 학대를 가하는 두려운 존재로서의 부모 모델과 이제는 학대하지 않는 변화된 부모라는 모델 중에서 하나를 선택하여 발달한다는 것이다.

자녀가 처음부터 친밀감 있는 양육 환경에서 자라나는 것이 가장 좋겠지만, 트라우마가 있다고 하더라도 안전기지의 실천을 시작하는 것은 자녀에게는 기회로 작용하는 것은 분명하다.

이때 부모가 알아야 할 사항은 '일관성'이다. 부모와의 친밀한 경험이 좋은 기억으로 강화되어 자녀의 손상된 마음이 자연 상태로 돌아갈 수 있도록 돕기 위해 일관성은 필수적이다. 에코 패런팅을 위한 다음의 과정을 참고하면 도움이 될 수 있다.

- 에코 패런팅의 시작은 내적 관찰에서부터이다. '내가 애한테 또 그랬네!'라고 생각되는 반복된 행동을 살펴본다.
- 이때 차분한 마음으로 나의 행동을 살펴보고 비판하거나 합리화하거나 감정으로 대하지 않는다.
- 관찰된 행동을 자녀의 상황에서 이해하려고 노력한다.
- 자녀가 나를 힘들게 한다는 것은 채워지지 않은 욕구가 있다는 것을 생각해본다.
- 자녀가 느낄 만한 감정과 무슨 생각을 하고 있을지 생각해 본다.
- 전체 과정에서 무엇을 느끼는지 종합적인 평가를 해 본다.
- 자녀가 필요로 하는 욕구가 무엇인지 생각해본다(자녀의 욕구는 엄마를 믿고 탐험하고자 하는 '자율성'과 위로를 받고자 엄마에게로 오는 '접근성'으로 구분된다).
- 오랜 시간 갈등이 있었다면 차분하게 천천히 변화를 시도한다.

자녀관찰일지

월 일	자녀의 행동	자녀의 감정	자녀의 생각
관찰 내용			
부모가 느낀 점			

월 일	자녀의 행동	자녀의 감정	자녀의 생각
관찰 내용			
부모가 느낀 점			

〈활용법〉

1. 자녀가 생활하는 모습을 관찰합니다.

2. 관찰에서 평소와 다른 행동이나 표정이 있다면 그대로 기술합니다.

3. 자녀가 어떤 감정을 느끼고 있을지 관찰에서 얻은 단서를 중심으로 유추하여 기록해 봅니다.

4. 자녀의 행동 상황에서 자녀가 가지고 있을 만한 생각들을 유추하여 적어 봅니다.

5. 자녀와 대화 시도가 가능하다면 어떤 감정을 느꼈는지, 어떤 생각을 했는지 들어 봅니다.

6. 자녀와의 대화 내용이 관찰일지에 기록된 내용과 다른 내용이라면 그 차이를 일지에 적어 둡니다.

7. 일지가 꾸준히 기록되면 자녀의 주요 감정과 생각을 알 수 있으며 부모는 자녀의 감정과 생각에 쉽게 공감할 수 있습니다.

김연수 (2014). 신체활동과 정신 건강, 한양메디칼리뷰, 34, 한양대학교.

유중근 (2018). 애착 이론 Basic. 청주: MCI.

윤혜옥, 최효식 (2016). 부모의 부부갈등, 결혼만족도, 유아발달 간 관계에 대한 종단연구: APIM모형의 적용, 유아교육연구, 36(3), 한국유아교육학회.

이윤석 (2012). 한국의 연령과 부부관계만족도. 한국의 사회동향 2012, 통계개발원.

정동섭 (2016). 행복의 심리학. 서울: 학지사.

한국리서치 여론조사(2014), 매일경제-한국리서치 공동기획조사: 부부/자녀/부모 만족도.

허규형, 최원정, 석정호(2012). 주요우울장애 환자의 자살위험성과 생애초기스트레스 및 회복탄력성 사이의 연관성, J. Korean Neuropsychiatric Association, 53(6), 386-393.

Ainsworth, M. D. S. (1970). Attachment, exploration, and separation: Illustrated by the behavior of one-year-olds in a strange situation. Child Development, 41, 49-67.

Ainsworth, M. D. S. (1985). Patterns of attachment. Clinical Psychologist, 38, 27-29.

Ainsworth, M., Blehar, M., Waters, E., & Wall, S. (1978). Patterns of attachment: A psychological study of the Strange Situation. Hillsdale, NJ: Lawrence Erlbaum.

Arfaie, A. Mohammadi, A., & Sohrabi, R. (2013). Relationship between marital conflict and child affective-behavioral psychopathological symptoms, Social and Behavioral

Sciences, 84, 1776-177.

Auyeung, B., et. al. (2015). Oxytocin increases eye contact a real-time, naturalistic social interaction in males with and without autism, Transi Psychiatry, 5(2), Published online 2015 Feb 10. doi: 10.1038/tp.2014.146.

Bartholomew, K. (1990). Avoidance of intimacy: An attachment perspective. Journal of Social and Personal Relationships, 7, 147-178.

Baumrind, D. (1967). Child care practices anteceding three patterns of preschool behavior. Genetic Psychology Monographs, 75(1), 43-88.

Benoit, D., & Parker, K. C. H. (1994). Stability and transmission of attachment across three generations. Child Development, 65(5), 1444-1456.

Bowlby, J. (1951). Maternal care and mental health. World Health Organization Monograph (Serial No. 2).

Bowlby, J. (1969/1982). Attachment and loss: Vol. 1. Attachment (2nded.). NewYork: BasicBooks.

Bowlby, J. (1988). A secure base: Parent-child attachment and healthy human development. New York: Basic Books.

Carson, S. (2010), 우리는 어떻게 창의적이 되는가. 이영아 역. RHK

Cozolino, L. (2006). The neuroscience of human relationships. New York: W. W. Norton & Company.

Donita, N. & Maria, N. (2015). Attachment and parenting styles. Social and Behavioral Sciences, 203, 199-204.

England, M. J., & Sim, L. J. (2009). Depression in parents, parenting, and children: Opportunities to improve identification, treatment, and prevention, National Academy of Sciences.

Fonagy, P., Gergely, G., Jurist, E., & Target, M. (2002). Affect regulation, mentalization, and the development of the self. New York: Other Press.

Fonagy, P., Steele, H., & Steele, M. (1991). Maternal representations of attachment during pregnancy predict the organization of infant-mother attachment at one year of age. Child Development, 62(5), 891-905.

Fonagy, p., Steele, M., Steele, H., Moran, G. S., & Higgitt, A. C. (1991). The capacity for understanding mental states: The reflective self in parent and child and its significance for security of attachment. Infant Mental Health Journal, 12(3), 201-218.

Gardner, B., Lally, P., & Wardle, J. (2012). Making health habitual: the paychology of 'habit-formation' and general practice. Br J Gen Pract. 62(605), 664-666.

Gilmore, J. (2014). Imaging Infant Brain Development from Birth to 2 Years, International

Meeting for Autism Research Conference

Grice, H. P. (1989). Studies in the Way of Words. Harvard University Press.

Haas, B., Fikowski, M., Cochran, N., Denison, L., Ishak, A., Nishitani, S., & Smith, A. (2016). Epigenetic modification of OXT and human sociability, www.pnas.org/cgi/doi/10.1073/pnas.1602809113

Hoffman K., Cooper, G., & Powell, B. (2017). Raising a secure child. New York: The Guilford Press.

Hosokawa, R., & Katsura, T. (2017). Marital relationship, parenting practices, and social skills development in preschool children, Child and Adolescent Psychiatry and Mental Health, 11(2), DOI 10.1186/s13034-016-0139-y.

Jefferies, A., & Canadian Paediatric Society. (2012). Kangaroo care for the preterm infant and family. Paediatric Child Health, 17(3), 141-143.

Kirkpatric, L. A. (2005). Attachment, evolution and the psychology of religion. New York: Guilford Press.

Kritzas N. & Grobler A. (2005). The relationship between perceived parenting styles and resilience during adolescence. Journal of Child & Adolescent Mental Health, 17(1), 1-12.

Lally P, van Jaarsveld CHM, Potts HWW, Wardle J. (2010). How are habits formed: modelling habit formation in the real world. Euro J Soc Psychol. 40, 998-1009.

Light, K. C., Grewen, K. M., & Amico, J. A. (2005). More frequent partner hugs and higher oxytocin levels are linked to lower blood pressure and heart rate in premenopausal women. Biological Psychology, 69(1), 5-21.

Maccoby, E. E., & Martin, J. A. (1983). Socialization in the context of the family: HANDBOOK OF CHILD PSYCHOLOGY: VOL. 4. SOCIALIZATION, PERSONALITY, AND SOCIAL DEVELOPMENT (4th ed., pp. 1-101). New York: Wiley.

Marriner, P., Cacioli, J-P., & Moore, K.A. (2014). The Relationship of Attachment to Resilience and their Impact on Stress. In K. Kaniasty, K.A. Moore, S. Howard & P. Buchwald (Eds). (pp. 73-82). Stress and Anxiety: Applications to Social and Environmental Threats, Psychological Well-Being, Occupational Challenges, and Developmental Psychology. Berlin: Logos Publishers.

Mehrabian, Albert, & Wiener, Morton (1967). "Decoding of Inconsistent Communications". Journal of Personality and Social Psychology. 6 (1): 109-114

Rolle, L. et. al. (2019). Fater involvement and cognitive development in early and middle childhood: a systematic review. Front. Psychol., 25 https://doi.org/10.3389/fpsyg.2019.02405

Schofield, G., & Beek, M. (2014). The secure base model: Promoting attachment and resilience in foster care and adoption. London: British Agencies for Adoption and Fostering.

Sroufe, L. A. (2005). Attachment and development: A prospective, longitudinal study from birth to adulthood. Attachment & Human Development, 7(4). 349-367.

Sroufe, L. A., Egeland, B., Carlson, E., & Collins, W. A. (2005). Placing early attachment experiences in developmental context. In K. E. Grossmann, K. Grossmann, & E. Waters (Eds.), Attachment from infancy to adulthood: The major longitudinal studies (pp. 48-70). New York: Guilford Publications.

Tsaousis, I (2016). 학령기와 청소년기 아동의 집단 따돌림의 가해와 피해의 관계. Aggression and violent behavior, 31, 186-199. 외 다수의 논문에서 제시함.

Waters, E., Merrick, S., Treboux, D., Crowell, J., & Albersheim, L. (2000). Attachment security in infancy and early adulthood: A twenty-year longitudinal study. Child Development, 71(3), 684-689.

Zakeri H., Jowkar B., & Razmjoee M. (2010). Parenting styles and resilience. Proceldia-Social and Behavioral Science, 5, 1067-1070.

https://www.mk.co.kr/news/it/view/2018/08/487855/

1) 허규형, 최원정, 석정호(2012). 주요우울장애 환자의 자살위험성과 생애초기스트레스 및 회복탄력성 사이의 연관성, J. Korean Neuropsychiatric Association, 53(6), 386-393.

2) Fonagy, P., Steele, H., & Steele, M. (1991). Maternal representations of attachment during pregnancy predict the organization of infant-mother attachment at one year of age. Child Development, 62(5), 891-905.

3) Benoit, D., & Parker, K. C. H. (1994). Stability and transmission of attachment across three generations. Child Development, 65(5), 1444-1456.

4) Ainsworth, M. D. S. (l967). Infancy in Uganda: Infant care and the growth of love. Baltimore, MD: The Johns Hopkins University Press.

5) Gilmore, J. (2014). Imaging Infant Brain Development from Birth to 2 Years, International Meeting for Autism Research Conference

6) Haas, B., Fikowski, M., Cochran, N., Denison, L., Ishak, A., Nishitani, S., & Smith, A. (2016). Epigenetic modification of OXT and human sociability, www.pnas.org/cgi/doi/10.1073/pnas.1602809113

7) Auyeung, B., et. al. (2015). Oxytocin increases eye contact a real-time, naturalistic social interaction in males with and without autism, Transi Psychiatry, 5(2), Published online 2015 Feb 10. doi: 10.1038/tp.2014.146.

8) Dewar, G. (2019). Oxytocin affects social bonds and our responses to toxic stress. Can influence oxytocin in children? https://parentingscience.com/oxytocin-in-children-and-parents/

9) Marsh, A. A., Yu, H. H., Pine, D. S., & Blair, R. J. (2010). Oxytocin impróves specific recognition of positive facial expression. Psychopharmacology, 209, 225-232.

10) Saphire-Bernstein, S. et al. (2011). Oxytocin receptor gene is related to psychological resources. Proceedings of the National Academy of Sciences, 108(37), 15118 DOI: 10.1073/pnas.1113137108

11) (Arfaie, Mohammadi, & Sohrabi. 2013; Hosokawa, & Katsura, 2017)

12) 이윤석(2012). 한국의 연령과 부부관계만족도. 한국의 사회동향 2012, 통계개발원.

13) 한국리서치 여론조사(2014), 매일경제-한국리서치 공동기획조사: 부부/자녀/부모 만족도.

14) 윤혜옥, 최효식(2016). 부모의 부부갈등, 결혼만족도, 유아발달 간 관계에 대한 종단연구: APIM모형의 적용, 유아교육연구, 36(3), 한국유아교육학회.

15) https://www.mk.co.kr/news/it/view/2018/08/487855/

16) England, M. J., & Sim, L. J. (2009). Depression in parents, parenting, and children: Opportunities to improve identification, treatment, and prevention, National Academy of Sciences.

17) 김연수(2014). 신체활동과 정신건강, 한양메디칼리뷰, 34, 한양대학교.

18) Tremblay, S. (2018). Can vitamin B raise serotonin? https://healthyeating.sfgate.com/can-vitamin-b-raise-serotonin-5975.html

19) Waters, E., Merrick, S., Treboux, D., Crowell, J., & Albersheim, L. (2000). Attachment security in infancy and early adulthood: A twenty-year longitudinal study. Child Development, 71(3), 684-689.

20) Ainsworth, M., Blehar, M., Waters, E., & Wall, S. (1978). Patterns of attachment: A psychological study of the Strange Situation. Hillsdale, NJ: Lawrence Erlbaum.

21) Sroufe, L. A. (2005). Attachment and development: A prospective, longitudinal study from birth to adulthood. Attachment & Human Development, 7(4). 349-367.

22) Ibid.

23) Ainsworth, M., Blehar, M., Waters, E., & Wall, S. (1978). Patterns of attachment: A psychological study of the Strange Situation. Hillsdale, NJ: Lawrence Erlbaum.

24) Sroufe, L. A. (2005). Attachment and development: A prospective, longitudinal study from birth to adulthood. Attachment & Human Development, 7(4). 349-367.

25) Ibid.

26) Ainsworth, M., Blehar, M., Waters, E., & Wall, S. (1978). Patterns of attachment: A psychological study of the Strange Situation. Hillsdale, NJ: Lawrence Erlbaum.

27) Sroufe, L. A. (2005). Attachment and development: A prospective, longitudinal study from birth to adulthood. Attachment & Human Development, 7(4). 349-367.

28) Ibid.

29) Ainsworth, M., Blehar, M., Waters, E., & Wall, S. (1978). Patterns of attachment: A psychological study of the Strange Situation. Hillsdale, NJ: Lawrence Erlbaum.

30) Benoit, D., & Parker, K. C. H. (1994). Stability and transmission of attachment across three generations. Child Development, 65(5), 1444-1456.

31) Baumrind, D. (1967). Child care practices anteceding three patterns of preschool behavior. Genetic Psychology Monographs, 75(1), 43-88.

32) Maccoby, E. E., & Martin, J. A. (1983). Socialization in the context of the family: HANDBOOK OF CHILD PSYCHOLOGY: VOL. 4. SOCIALIZATION, PERSONALITY, AND SOCIAL DEVELOPMENT (4th ed., pp. 1-101). New York: Wiley.

33) Donita, N. & Maria, N. (2015). Attachment and parenting styles. Social and Behavioral Sciences, 203, 199-204.

34) 새로운 환경에 적응하기 위해 뇌가 스스로 신경회로를 바꾸는 능력을 말한다.

35) Lally P, van Jaarsveld CHM, Potts HWW, Wardle J. (2010). How are habits formed: modelling habit formation in the real world. Euro J Soc Psychol. 40, 998-1009.

36) Schofield, G., & Beek, M. (2014). The secure base model: Promoting attachment and resilience in foster care and adoption. London: British Agencies for Adoption and Fostering.

37) Kritzas N. & Grobler A. (2005). The relationship between perceived parenting styles and resilience during adolescence. Journal of Child & Adolescent Mental Health, 17(1), 1-12.

38) Marriner, P., Cacioli, J-P., & Moore, K.A. (2014). The Relationship of Attachment to Resilience and their Impact on Stress. In K. Kaniasty, K.A. Moore, S. Howard & P. Buchwald (Eds). (pp. 73-82). Stress and Anxiety: Applications to Social and Environmental Threats, Psychological Well-Being, Occupational Challenges, and Developmental Psychology. Berlin: Logos Publishers.

39) Rolle, L. et. al. (2019). Fater involvement and cognitive development in early and middle childhood: a systematic review. Front. Psychol., 25 https://doi.org/10.3389/fpsyg.2019.02405

40) Bowlby, J. (1951). Maternal care and mental health. World Health Organization Monograph (Serial No. 2).

41) van der Kolk, B. (2014). 몸은 기억한다 서울: 을유문화사.

42) Mehrabian, Albert, & Wiener, Morton (1967). "Decoding of Inconsistent Communications". Journal of Personality and Social Psychology. 6 (1): 109-114

43) Grice, H. P. (1989). Studies in the Way of Words. Harvard University Press.

44) Jefferies, A., & Canadian Paediatric Society. (2012). Kangaroo care for the preterm infant and family. Paediatric Child Health, 17(3), 141-143.

45) Light, K. C., Grewen, K. M., & Amico, J. A. (2005). More frequent partner hugs and higher oxytocin levels are linked to lower blood pressure and heart rate in premenopausal women. Biological Psychology, 69(1), 5-21.

46) Fonagy, P., Steele, H., & Steele, M. (1991). Maternal representations of attachment during pregnancy predict the organization of infant-mother attachment at one year of age. Child Development, 62(5), 891-905.

47) Kirkpatric, L. A. (2005). Attachment, evolution and the psychology of religion. New York: Guilford Press.

48) Carson, S. (2010), 우리는 어떻게 창의적이 되는가. 이영아 역. RHK

49) 국립국어원. 표준국어대사전. https://stdict.korean.go.kr/search/searchView.do

50) Csikszentmihalyi, M. (1990). Flow: The psychology of optimal experience. Harper Collins.

유중근 박사의 온라인 프로그램

★ 임산부 애착코칭

애착 전문가와 함께하는 '애착' 중심 임신기 코칭 프로그램으로 40주 임신기간 동안 애착 주제에 맞추어 임산부의 정서와 인지 그리고 필요한 활동을 시기별로 코칭합니다. 아기에게 가장 큰 선물은 바로 '엄마 자신'입니다. 모든 과정은 온라인으로 진행됩니다.

- 임산부 심리코칭 및 정신건강 관리
- 태아와의 안정된 애착을 위한 임산부 코칭
- 태아 애착을 위해 부부와 함께하는 활동

★ 베이비 mom 애착코칭

출생 후 1년, 아기와의 '안정애착' 형성을 위한 절대적인 기간입니다. 아기 두뇌발달의 핵심적인 기간입니다. 베이비 mom 애착코칭은 애착 중심의 아기 양육 코칭 프로그램으로 출생 후 1년까지의 52주 동안 매주 엄마와 아기와의 애착 관계를 점검하며 아울러 엄마의 심리적 안정을 위한 심리코칭을 진행합니다. 모든 과정은 온라인으로 진행됩니다.

- 엄마의 심리코칭 및 정신건강 관리
- 아기와의 애착관계 코칭
- 안정애착 형성을 위한 주간 양육자료(PDF) 제공

★ 온라인 심리상담

바쁜 현대인의 일상을 유지하면서 상담센터를 찾아가지 않고 전문가의 상담을 받을 수 있습니다. ZOOM 프로그램과 더불어 전문 상담을 위해 특수 고안된 온라인 프로그램을 사용하여 각종 심리검사뿐만 아니라 감정, 인지, 생활분석이 가능하여 통합적 심리상담이 가능합니다. 다음과 같은 분들에게 추천합니다.

- 바쁜 일상으로 주기적인 상담센터 방문이 어려운 분
- 사회적 지위나 신분 노출이 어려워 상담센터 방문을 꺼려하는 분
- 사람을 만나는 것이 두려워 온라인 상담을 받기 원하는 분
- 몸이 불편하여 상담센터 방문이 어려운 분
- 해외 거주하는 분이나 한국 거주 외국인(단, 영어 상담만 가능)

★ 문의 및 신청

이메일 : parentingupgrade@gmail.com
카카오톡 채널 : PU 채널(패런팅 업그레이드)